VOID
Library of
Davidson College

LA OBRA NARRATIVA
DE CARLOS MONTENEGRO

COLECCION POLYMITA

EDICIONES UNIVERSAL. Miami, Florida, 1980

ENRIQUE J. PUJALS

LA OBRA NARRATIVA DE CARLOS MONTENEGRO

P.O. BOX 450353 (Shenandoah Station)
Miami - Florida - 33145 U.S.A.

© Copyright 1980 by Enrique J. Pujals

Library of Congress Catalog Card Number: 79-52537

ISBN: 0-89729-231-6

Depósito Legal: B. 31.012 - 1979

Printed in Spain *Impreso en España*

Impreso en el complejo de Artes Gráficas MEDINACELI, S. A.,
Pi i Margall, 53, Barcelona-24 (España)

The publication of this book was partially supported by a research grant from the Division of Arts and Sciences of Glassboro State College and the financial assistance from the Department of Foreign Languages and Literature at Glassboro State College, New Jersey.

ÍNDICE

Capítulo I, Introducción histórica	11
Notas al Capítulo I	22
Capítulo II, Biografía de Carlos Montenegro	27
Notas al Capítulo II	45
Capítulo III, *El renuevo y otros cuentos*	47
Notas al Capítulo III	82
Capítulo IV, *Dos barcos*	85
Notas al Capítulo IV	102
Capítulo V, *Los héroes*	105
Notas al Capítulo V	115
Capítulo VI, *Hombres sin mujer*	117
Notas al Capítulo VI	143
Conclusión	145
Bibliografía	149

ÍNDICE

Capítulo I. Introducción histórica	11
Notas al Capítulo I	22
Capítulo II. Biografía de Carlos Montenegro	27
Notas al Capítulo II	45
Capítulo III. El romance y otros cuentos	47
Notas al Capítulo III	82
Capítulo IV. Dos barcos	85
Notas al Capítulo IV	103
Capítulo V. Los héroes	105
Notas al Capítulo V	115
Capítulo VI. Hombres sin mujer	117
Notas al Capítulo VI	143
Conclusión	145
Bibliografía	149

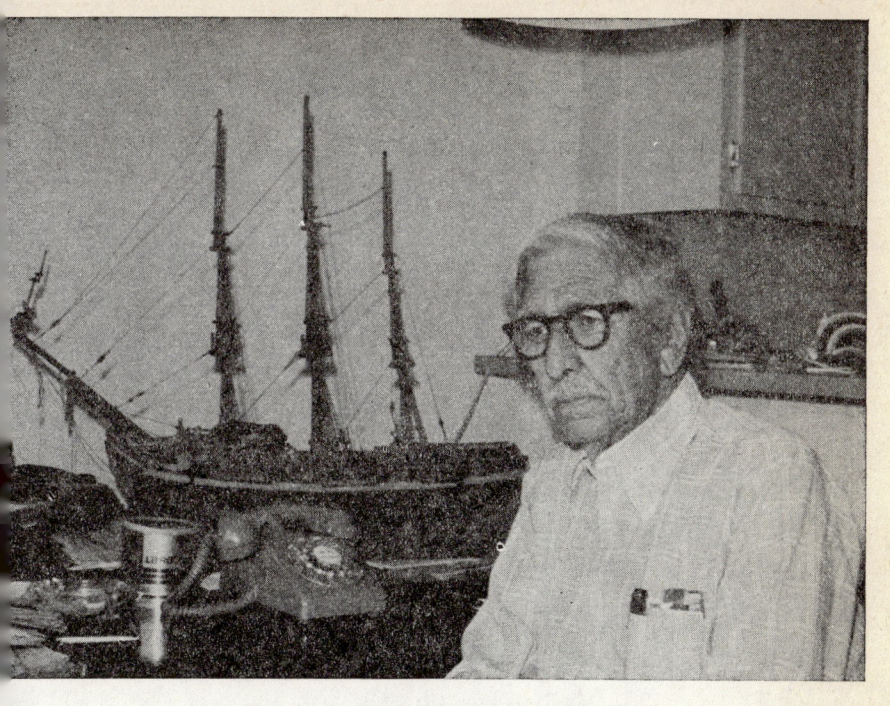

DON CARLOS MONTENEGRO

(Fotografía tomada en Miami, Florida en 1979. Puede apreciarse detrás de la mesa de trabajo uno de los barcos tallados a mano por el autor).

Capítulo I

INTRODUCCIÓN

El período republicano de Cuba que comienza el 20 de mayo de 1902, tiene antecedentes y accidentes que fijan de una manera definitiva la cultura y la política de ese país. En lo literario la república nacía bajo un romanticismo tardío aunque también se centraba en los movimientos más actuales: el modernismo, el realismo y el naturalismo. Después del auge del modernismo, el centro de gravedad se desplaza hacia un cosmopolitismo en el que influyen las corrientes francesas, inglesas, norteamericanas e hispanoamericanas; sin embargo la inestabilidad política retarda la aparición en Cuba de nuevos estilos literarios.

Los cubanos que desde la colonia luchaban por su libertad se encontraron hacia 1898 con el desastre de dos guerras que costó vidas y haciendas. Los Estados Unidos de Norteamérica conllevaban en aquellos tiempos los dictámenes de una política expansionista y en cuyos planes se contaba la anexión de Cuba.[1]

Los Estados Unidos de Norteamérica, culpando a los españoles del hundimiento del acorazado «Maine» en el puerto de La Habana, intervinieron en la guerra Cubano-Española.[2]

Series de fricciones ocurren durante esta guerra las cuales llegan a su clímax cuando los cubanos *capitidiminuidos* por los Estados Unidos, no tienen representación en el Tratado de París del 10 de diciembre de 1898 que pone fin al dominio español en Cuba, Puerto Rico, Filipinas y Guam.

Los Estados Unidos ocupa Cuba hasta que el 20 de mayo de 1902 las tropas yanquis se retiran de la Isla, no sin antes obligar a los cubanos a aceptar la Enmienda Platt que limitaba la soberanía de Cuba al permitir la ingerencia norteamericana en los asuntos internos del país.[3] Esta Enmienda justifica que los Estados Unidos desembarquen sus tropas en Cuba en 1906 y 1917, a la vez que permitirá la intromisión estadounidense en la política cubana.[4]

A pesar de haberse abolido la Enmienda Platt en 1934, el imperialismo norteamericano dura más de medio siglo en Cuba, si tomamos en consideración que comenzó desde los albores de la independencia en 1898 y duró hasta la toma del poder por Fidel Castro en 1959.

Juan J. Remos comenta sobre la intervención americana cuando el primer presidente trata de reelegirse en 1906:

> ...Los millones que Estrada Palma dejó en el Tesoro fueron derrochados, y al calor de aquella situación nacieron procedimientos políticos y administrativos que han quedado como máculas en la vida republicana...[5]

Pero en verdad con el segundo presidente la situación no varió. Rubén de León comenta al respecto:

> El gobierno del general Gómez... tuvo que enfrentarse con graves problemas que eran la consecuencia de la política orientada, primero por Wood y después por Estrada Palma, quienes para lograr la total pacificación de la Isla fueron *extremadamente* benévolos con los guerrilleros [Guerrillero en Cuba era el cubano que peleaba junto a los españoles contra los mambises] y con los españoles que decidieron continuar viviendo en Cuba. Los cubanos que de un modo directo o indirecto habían participado en las guerras por la liberación, resultaban las víctimas de esta orientación política, porque los cargos de la administración pública, en su mayoría, siguieron en manos de quienes los ocupaban desde la época colonial, y las tierras que eran propiedad del Estado y que explotaban muchos españoles, seguían sin repartirse entre los veteranos que estaban necesitados de proporcionarse los medios económicos necesarios para la subsistencia de sus familias.[6]

La situación de inestabilidad política; la incapacidad de los norteamericanos interventores y de los gobiernos republicanos de la propia Cuba para resolver los problemas básicos sociales que afectaban a la ciudadanía en todas las esferas sociales, producen frustración y descontento en la gran masa de cubanos que culminará en una reacción violenta de las juventudes en los años veinte. Todo ello producirá entre los años 1923 a 1938 cambios radicales en la política, en la problemática social y económica; artística y literaria.

La generación de escritores de la década del veinte al treinta se inscribe en Cuba dentro de grandes convulsiones culturales, sociales y políticas, y van a poner en acción conceptos e ideolgías extremas para la época y que culminarán en la Revolución de 1933. Las nuevas ideologías de la Revolución Mexicana (1910); la Revolución Rusa (1917); los movimientos de vanguardia con sus exageraciones; la Primera Guerra Mundial (1914-1918); la Reforma Universitaria en ciertos países hispanoamericanos, influyen en la vida cultural y hallan eco en una juventud constreñida, frustrada y postergada con ansias de reivindicación y justicia. Como apunta Luis E. Aguilar, los «Roaring Twenties» van a dejar su marca en el continente y Cuba no es una excepción:

> In Latin America, the «Roaring Twenties» signified a period of unrest and transformation. From every direction revolutionary winds blew their portents. Echoes of the Mexican Revolution and the Constitution of 1917 awakened the political consciences of many young groups. The effect of the university reform in Cordova, Argentina, in 1918... Communist parties and radical groups appeared in several countries. The voices of rebellion and anti-Americanism became a chorus: from the Uruguayan writer José E. Rodó to the Argentine sociologist José Ingenieros; from the Colombian novelist José Vargas Vila to the Peruvian José Carlos Mariategui (a Marxist writer) and political leader Víctor Raúl Haya de la Torre; from the Mexican philosopher José Vasconcelos to the Chilean labor leader Luis E. Recabarren; a new creed of Latinism, Indianism, nationalism —essentially anti-yankeeism— resounded throughout Latin America...[7]

Corría el año de 1923. Era presidente Alfredo Zayas. Su Secretario de Justicia, Dr. Erasmo Regüiferos, acudió a la Academia de Ciencias para representar al gobierno en un acto cultural, y es en este acto donde se produce la primera acción de rebeldía juvenil:

> ...Varios jóvenes casi desconocidos que suelen reunirse en un café a leer sus manuscritos y discutir a Verlaine y Valle-Inclán, Unamuno e Ingenieros, deciden ir a la Academia de Ciencias: habla el Secretario de Justicia. El poeta Rubén Martínez Villena pide la palabra y acusa al venerable funcionario de ser un estafador: ha permitido el fraude, la malversación de los fondos públicos. Llega la policía, desaloja a los rebeldes, trece de ellos firman un manifiesto. Así, por primera vez desde la fundación de la República, los intelectuales intervinienen como jueces en la política del país.[8]

También en el año 1923 se constituye el «grupo minorista» en el que militaron muchos escritores de izquierda y miembros casi todos ellos más tarde del Partido Comunista que se fundó en Cuba en 1925.[9] Entre ellos se destacan: Alejo Carpentier, Luis Gómez Wanguemert, Juan Marinello, Rubén Martínez Villena, Regino Pedroso, Emilio Roig de Leuchsenring, Mariblanca Sabas Alomá, José Z. Tallet, Gerardo del Valle y María Villar.[10] Hay que aclarar sin embargo, que algunas de estas personalidades no compartieron luego las ideologías del Partido Comunista, aunque todos coinciden en una renovación total de la literatura y en las artes, pronunciándose contra los «pachecos y los consagrados». Por encima de todo el fin de sus propósitos era el mejoramiento social-político nacional y hasta universal y en donde muchas veces la literatura y las artes eran un pretexto.[11]

La Universidad de La Habana celebra el 15 de octubre de 1923, el primer Congreso Revolucionario de Estudiantes que abre Julio Antonio Mella en pro del llamado «poder estudiantil» que comenzaba a surgir en casi todos los países hispanoamericanos.

Alfredo Zayas termina su etapa presidencial en 1925 y le continúa Gerardo Machado por dos períodos consecutivos. Éste fue derrocado cuando trató de extender su mandato por dos años más, el 12 de agosto de 1933. A pesar de haber sido elegido en elecciones libres, Gerardo Machado gobernaba en verdad con un autoritarismo, unipersonalismo, es decir: con toda la vestidura de un dictador.

Al huir Machado tomó el poder el general Alberto Herrera, pero nuevamente la Embajada Americana interviene en los asuntos internos cubanos y apoya como presidente a Carlos Manuel de Céspedes sin ser electo por el pueblo. Céspedes es derrocado el 5 de septiembre de 1933 por un golpe militar conducido por el sargento Fulgencio Batista Zaldívar y otros grupos civiles. Batista asume el mando y a pesar de que recibe en ese momento el apoyo de las juventudes y los estudiantes, lo pierde cuando esta misma juventud, ahora desilusionada con el curso de los acontecimientos políticos, elige en una asamblea al profesor universitario Ramón Grau San Martín para sustituir como presidente a la pentarquía que venía gobernando desde la fuga de Gerardo Machado. La Embajada Americana no apoya al nuevo gobierno y por medio de su influencia internacional logra que muchos países no lo reconozcan, tanto que Grau San Martín tiene que renunciar el 15 de enero de 1934 por: «...military pressure, the disturbing influence of illegitimate interest, and the handywork of Caffery [Embajador de los Estados Unidos en Cuba]...»[12]

Juan J. Remos comentando la situación dice:

> ...En estos meses del gobierno revolucionario, se sucedieron hechos violentos y páginas dolorosas de lucha fraticida, en las que no faltó la ingerencia de la Embajada Americana, a donde fueron a conspirar los tipos reiterados de traidorzuelos de la patria que tanto han abundado en todas las épocas. En tanto, en Montevideo, se celebraba la VII Conferencia Internacional Americana, y allí la representación de Cuba daba una batalla por la soberanía de nuestra nación.
>
> La falta de cooperación y el no reconocimiento del Gobierno por países extranjeros a excepción de España, México, Panamá y Uruguay, hicieron insostenible el gobierno de Grau...[13]

A Grau San Martín lo sustituye Carlos Hevia el 16 de enero de 1934. Su gobierno duró dos días. Por unas horas no hay presidente y finge como tal el Secretario de Estado Manuel Márquez Sterling. En enero del mismo año asume la presidencia Carlos Mendieta apoyado por el ejército (es decir por el apoyo de Batista) y otros sectores del país. Durante su presidencia se suprime la Enmienda Platt. Mendieta renuncia el 12 de diciembre de 1935. Durante su mandato tuvo lugar la huelga general de marzo que paralizó al país y que fue organizada por el Partido Revolucionario Cubano Auténtico, el A B C y la agrupación Joven Cuba. El ejército, comandado por el ya coronel Batista, puso fin con mano dura a la huelga. José A. Barnet, que era Embajador de Cuba en Francia, asume la presidencia por unos meses —12 de diciembre de 1935 a mayo del siguiente año— hasta que unas elecciones libres conduce a la presidencia a Miguel Mariano Gómez el cual es depuesto por el Congreso el 23 de diciembre de 1936, y sustituído por el vicepresidente Federico Laredo Bru como Jefe de Estado. A partir de este momento se empieza a vivir en Cuba una etapa de relativa calma que se prolonga hasta 1952 y en donde comienzan a consolidarse las instituciones; se hacen obras públicas; se crean organismos sociales de ayuda a los campesinos y las clases humildes; se normaliza el proceso político; y se promulga la Constitución de 1940 considerada por propios y extraños como una de las más avanzadas en legislación social. Los acontecimientos abrían caminos de esperanzas.

Juan J. Remos comenta sobre este período lo siguiente:

> Puede apreciarse en este período que corre desde la fundación de la República, la sucesión de tropiezos y de intermitencias de la normalidad que en todos los estados jóvenes registra la historia. Cuba ha tenido que luchar con los factores adversos de su inexperiencia para el gobierno propio y de los grandes intereses extranjeros que sobre sus destinos han gravitado, y los cuales no han sido ajenos a las propias conmociones políticas y sociales que se han producido en los ocho lustros de República.[14]

El período histórico-político que se ha analizado desde 1902 a 1940 permite discusiones e interpretaciones que entroncan directamente con las generaciones literarias en Cuba.

Raimundo Lazo expresa que el ciclo histórico de 1902 a 1940 se divide en tres períodos generacionales: a) el de las dos primeras décadas del siglo, en el cual predomina la oratoria y el lirismo verbal; b) la que tiene por centro cronológico de actividad el año de 1930, en que predomina la inconformidad, el enjuiciamiento crítico con inclinaciones a la teoría social-política; c) el tercer período que hace su aparición en el año 1940, generación apolítica con alguna que otra excepción.[15]

Ambrosio Fornet divide este período histórico de los ocho primeros lustros republicanos por décadas: a) de 1902 a 1912, en que predomina el ensayo y los estudios; b) de 1913 a 1922, donde hay un modernismo tardío en la poesía y en el que la narrativa imita a Poe y a Kafka; c) de 1923 a 1932, período de regeneración, renovación y cambio provocado por los siguientes hechos: Mella y la creación de la Universidad Popular, la reforma universitaria, la «protesta de los trece» y en la que se percibe un cambio de actitud hacia el intelectual que comienza a ser tenido en consideración. La salida de la *Revista de Avance* en 1927, y la creación del «grupo minorista», es otro de los factores importantes de este período. Señala Fornet que en esta época hace su entrada en la vida pública la llamada «Generación del Treinta»; en la década de los cuarenta florece lo afrocubano y se consolida la cuentística con Alejo Carpentier. Este período está influenciado del expresionismo y criollismo. Se imita a los escritores norteamericanos con resultados satisfactorios. La revista *Orígenes* va a ser vocero de esta generación hasta que deja de publicarse en 1950.[16]

Salvador Bueno distingue tres generaciones: a) primera generación que cubre los años de 1910 a 1930, imbuída de apetencias universalistas y americanistas, influenciadas por Rodó, Maupassant, Anatole France, Eça de Queiroz y Manuel Díaz Rodríguez. Su producción es formal y estética; b) segunda generación posterior al año 1930, influenciada por Gorki, Quiroga y algunos franceses y españoles. Este grupo pone su atención en la ciudad y el campo y sus personajes son las «pobres gentes». Su producción tiene sabor local. Son costumbristas y realistas. En sus producciones prefieren lo inmediato, lo criollo, lo nativo, lo humilde y su temática será lo social, el negro, el campesino, el latifundio, la injerencia extranjera, el problema azucarero, y uno de los fines de su literatura será la protesta social; c) tercera generación: la «Generación del 40», que va a cultivar lo fantástico cuidando su forma de expresión. Sus fuentes serán Juan Manuel, Jorge Luis Borges, Gómez de la Serna, Rainier Rilke y Kafka de quien toman la angustia y el desasosiego.[17]

Juan José Arrom en su libro *Esquema Generacional de las Letras Hispanoamericanas*, señala todos los acontecimientos mundiales y continentales que dieron origen a lo que él llama «La Generación de 1924». En el caso específico de Cuba dice:

> ...Pasando ahora a La Habana, por aquellos años se publica la *Revista de Avance* (1927-1930). En ella colaboran Jorge Mañach (1888-1961), Juan Marinello (1898), Alejo Carpentier (1904) y otros más. Al grupo se les llamó «los contemplativos». Pero según explicó después el propio Mañach, él y sus compañeros de promoción no eran tales contemplativos:
> «Lo que queríamos aquellos críticos, ensayistas, poetas que todavía éramos jóvenes en los años del 26 al 30, era reaccionar —estridentemente, con herejía y hasta con insolencia— contra la inercia tradicional, contra actitudes mentales y morales, y correspondientes modos de expresión que, a nuestro juicio, traducían la inanidad, la falta de sustancia y el contentamiento con meras apariencias en que había venido a parar la ilusión fundadora. Las minúsculas, las imágenes desaforadas, las "jitanjáforas", el encabritamiento tipográfico, la deformación plástica, no eran sino expresión concreta de aquel estado de ánimo.»[18]

José Antonio Portuondo apunta que: a) existe una generación que abarca el período de 1900 a 1930, y añade el escritor que esta generación está dividida en dos períodos por el año de 1923. Este año señala un cambio en la República, un movimiento renovador envuelve el ambiente. La literatura vuelve sus ojos a la tierra siguiendo los ejemplos de Quiroga, Kipling, Conrad y otros; b) la segunda generación, a partir de 1930, encara los problemas sociales y usa para ello al campesino, la mujer, el negro, la injusticia, el obrero.[19]

Francisco Ichaso titula la generación que comienza a actuar en la vida pública en los años veinte: «la generación que nace con el siglo» y cuya irrupción en la vida pública tiene lugar entre los años 1920 a 1930.[20]

Particularizando, y aunque haya cierto relativismo, cierto desacuerdo en precisiones de fechas, todos estos críticos están de acuerdo que hacia 1920 se produce en Cuba una ruptura en el proceso literario. Las variantes de tres o cuatro años que difieren, las distintas argumentaciones, no son en verdad demasiado fundamentales para un proceso cultural porque en última instancia sólo persigue un fin didáctico.

Carlos Montenegro nacido en 1900, vive y se forma durante el proceso político que se ha resumido; y comienza a escribir hacia 1925, es decir, en lo que para algunos críticos se llama la «Generación del veinte» y para otros la «Generación del 23».

Carlos Ripoll es quien más se interesa por estudiar detenidamente las particularidades de esta generación. En su libro *La Generación del 23 en Cuba* afirma que:

> ...La fecha que corresponde al centro cronológico del período que estudiamos es 1930. En este año... la producción de escritores que nos interesa está en su mayor actividad y ya se perfilan claros sus derroteros. «En el año de 1930, comienzo de la revolución antimachadista», escribe Portuondo, «señala el nacimiento de este nuevo momento, en el que los problemas sociales se imponen con carácter sustantivo en la obra de los principales escritores.»[21]

Esta es la generación de Jorge Mañach, Juan Marinello, Rubén Martínez Villena, Rafael Esténger, Félix Lizaso, Mariano Brull, Lydia Cabrera, J. Z. Tallet, Lino Novas Calvo, Carlos Montenegro, Regino Pedroso, Nicolás Guillén, Emma Pérez Téllez y otros más.

Salvador Bueno, como Portuondo, como Fornet, dan como características literarias de esta generación la influencia de Gorki y Quiroga, la atención del campo y la ciudad, la creación de personajes como «las pobres gentes», con una temática social, costumbrista, realista, donde se encaran los problemas del obrero, del campesino, del latifundio, de la injerencia americana, del problema azucarero, fundamentalmente.

Esta generación se caracteriza por haber vivido la inestabilidad de los regímenes republicanos; por haber observado la apatía de los reformadores para llevar a vía de hecho sus promesas políticas y las reformas sociales; la injerencia extranjera en lo político y lo económico; la corrupción administrativa; la postergación de los verdaderos valores patrios y el resurgimiento de una «nobleza mercantilista». En la acción política se inscriben muchos dentro de las doctrinas marxistas (los intelectuales del Partido Comunista creado en 1925), y persiguen un programa de lucha contra el imperialismo yanqui. (Conviene aclarar que hubo muchos intelectuales que como Francisco Ichaso y Jorge Mañach, entre otros, siempre fueron opuestos a las doctrinas marxistas pero que coincidieron con el grupo comunista en las metas a alcanzar en esta época.)

Carlos Montenegro está considerado no solamente como el renovador del cuento social en Cuba sino como el cuentista social por excelencia de la «Generación del 23».

Salvador Bueno cuando se refiere a él dice:

>...Gran importancia tiene, dentro del movimiento nativista que se incrementa alrededor de 1930, la obra desarrollada por Carlos Montenegro...[22]

Portuondo refiriéndose al mismo tema opina:

>...Puede decirse que con los cuentos de *La Pascua de la tierra natal* (1923), de Luis Felipe Rodríguez, se inicia la narración del genuino carácter cubano, afincada en la tierra y sus problemas, expresadas en la lengua fuerte y pintoresca del pueblo. Sin embargo el mensaje y el ejemplo de L. F. R. se perdieron en aquel instante, y fue preciso la aparición de otro cuentista, Carlos Montenegro, en circunstancias propicias...[23]

La *Revista de Avance*, portavoz de la «Generación del 23», comenzó a publicarse en el año 1927 y cesa en 1930, y como bien dice Ripoll: «ya ha realizado su labor».[24] La revista con un enfoque político-literario tuvo importancia capital en la aglutinación de los pensadores y escritores de esta generación, así como en la cohesión generacional del grupo.

Su labor fue encomiástica y no exenta de sacrificios como puede apreciarse en una nota de redacción de su último número:

> ...un estudiante acaba de morir al escribirse estas líneas, otros se encuentran heridos y nuestro coeditor Juan Marinello sufre prisión, ... Se rumorea que por los sucesos ocurridos, se suspenderán las garantías constitucionales... para no someterse a esa medida, suspenderá su publicación [la revista] hasta que el pensamiento pueda emitirse libremente. Los Editores.[25]

Vale precisar que Carlos Montenegro publica su cuento «El hijo del mar» en la *Revista de Avance*, el 15 de octubre de 1928, y que ésta misma patrocina la edición de su libro *El renuevo y otros cuentos*, 1929, todo ello sin mencionar las continuas alusiones y estudios críticos que en sus páginas se refieren a Carlos Montenegro.[26]

Con anterioridad a la publicación del libro de cuentos de Montenegro la *Revista de Avance* bajo el nombre de «Ediciones 1929, Revista de Avance», había editado de Francisco Ichaso: *Góngora y la nueva poesía*; *Juventud y vejez* por Juan Marinello; *Tres temas sobre la nueva poesía* por Regino Botti; *Goya* por Jorge Mañach; *Molde, imagen* por Rafael Suárez Solís; *Indagación al choteo*, por Jorge Mañach; *Un viaje a la Rusia Roja*, por Sergio Carbó.

Juan J. Remos expresa en su obra sobre la literatura cubana:

> 2— EL CUENTO SOCIAL. CARLOS MONTENEGRO Y OTROS.
> Aunque siempre cultivado en nuestras letras, se intensificó mucho el cultivo del cuento, después de la Guerra de 1914... hay que destacar algunos autores de valiosas cualidades. El tema de la lucha social, de las aspiraciones y de los afanes de las clases humildes, de las pugnas de las diferentes capas de la colectividad, resalta como uno de los predilectos entre los cultivadores del cuento... Entre estos alcanza lugar prominente Carlos Montenegro (La Habana), ...en que se revela el narrador novedoso, de estilo bien definido que respira otros aires literarios, diferenciándolo de cuanto hasta entonces se había hecho entre nosotros en el género...
> Sus ideas avanzadas, su experiencia en la lucha obrera, su vida de vicisitudes y quebrantos, le llevaron lógicamente a la literatura social, donde ha vibrado su pensamiento transido por

el dolor de los demás y del suyo propio, y ha predominado la idea de mejoramiento humano. Justicia para los oprimidos del mundo, es el lema al que responde el prosista que adopta el cuento como vehículo apto para la trascendencia de sus afirmaciones;...[27]

En la *Antología del cuento cubano*, Ambrosio Fornet dice:

Un cuento de Carlos Montenegro inaugura la corriente positiva del criollismo: con una simple situación dramática, «El renuevo», descubre, a la vez que el horror, el desamparo y la ignorancia de la vida campesina, el silencioso heroísmo de sus gentes... a Montenegro se le llamó en su época el «Gorki cubano». La sobriedad e intensidad de sus relatos lo convierten en el primer narrador moderno de nuestra literatura y en uno de los maestros ignorados del continente.[28]

También el chileno Ricardo Latcham expresa lo siguiente de Carlos Montenegro:

Montenegro es un narrador espontáneo, de gran concisión y poder expresivo. Sabe construir e interesar con breves elementos, pero asegurando con firmeza los hilos de sus relatos... Hoy día Montenegro, sin disputa, es el primer cuentista cubano y uno de los dos o tres más grandes de Hispanoamérica. Ha sido traducido al inglés y al francés por intermedio de Langston Hughes y Pillement.[29]

NOTAS

1. "...the nationalistic Americans of the Mississipi Valley began to speak of the «manifest destiny» of the United States to control the entire continent and to dream of expansion to the Western ocean..."
....
"...This remarkable growth made by the United States virtually inmune from possible attack, although the Americans had hoped to complete the process by the acquisition of Cuba..."
Henry Ramford, *The American Experiences* (New York: Ramdon House, 1959), pp. 140 y 182.

2. "...«Remember the Maine!» was a fraudulent battle cry according to the redoubtable Adm. Hyman G. Rickover..., «there is no evidence» that a Spanish mine sank the U. S. battleship in 1898... «a large internal explosion» was probably responsible for sinking the battleship."
The Philadelphia Inquirer, Friday 13, 1976, section A, p. 3.

3. ENMIENDA PLATT, 1901 (Fragmentos):
"1. Que el Gobierno de Cuba nunca celebrará con ningún Poder o Poderes extranjeros ningún Tratado u otro convenio que pueda menoscabar o tienda a menoscabar la independencia de Cuba ni en manera alguna autorice o permita a ningún Poder o Po-

deres extranjeros, obtener por colonización o para propósitos militares o navales o de otra manera, asiento en o en control sobre ninguna porción de dicha Isla...

"3. Que el Gobierno de Cuba consiente que los Estados Unidos pueden ejercitar el derecho de intervenir para la conservación de la independencia cubana, el mantenimiento de un Gobierno adecuado para la protección de vidas, propiedad y libertad individual y para cumplir las obligaciones que, con respecto a Cuba, han sido impuestas a los Estados Unidos por el Tratado de Paz y que deben ahora ser asumidas por el Gobierno de Cuba...

"7. Que para poner en condiciones a los Estados Unidos de mantener la independencia de Cuba y proteger al pueblo de la misma, así como para su propia defensa, el Gobierno de Cuba venderá o arrendará a los Estados Unidos las tierras necesarias para carboneras o estaciones navales en ciertos puntos determinados que se convendrán con el Presidente de los Estados Unidos...

"*Nota.* La Enmienda Platt fue aceptada por un voto de mayoría (15 por 14), no asistiendo a la sesión de 28 de mayo de 1901, en que acéptase el plattismo los delegados Juan Rius Rivera y Antonio Bravo Correoso."

Quoted in: Mario Riera, *Historial obrero cubano 1574-1965* (Miami, Florida: Rema Press, 1965), pp. 271-272.

4. Ibid.

5. Juan J. Remos, *Historia de la literatura cubana*, 3 vls. (Habana: Cárdenas y Compañía, 1945; reprint ed. Miami, Florida: First Mnemosyne, 1959), vol. 3, p. 163.

6. Rubén de León, *El origen del mal* (Miami, Florida: Service Printers, Inc., 1964), p. 269.

7. Luis E. Aguilar, *Cuba, 1933, Prologue to Revolution* (Ithaca: Cornell University Press, 1972), p. 68.

8. Ambrosio Fornet, *Antología del cuento cubano contemporáneo* (México: Ediciones ERA, S. A., 1970), p. 25.

9. La protesta de los trece, manifiesto:

"*Protesta de los trece, 1923.*

PRIMERO. Que por este medio pedimos perdón nuevamente al Club Femenino, reiterando que no ha sido intención nuestra perturbar en modo alguno sus funciones ni mucho menos el homenaje que se rendía a Paulina Luissi. En espíritu estamos con las mujeres dignas y lamentamos que la medida tomada por nosotros, producto de civismo y reflexión, haya tenido efecto en un acto organizado por ellas.

SEGUNDO. Que sólo es nuestro objeto manifestar la inconformidad de la juventud, que representamos, con los procedimientos usados por ciertos hombres públicos.

TERCERO. Que siendo el acto homenaje el primero público en que toma parte el señor Erasmo Regüiferos, personalidad tachada ante la opinión pública por el hecho estupendo de haber refrendado el Decreto inmoral y torpe relativo a la adquisición del Convento de Santa Clara, sólo contra él, o contra su actuación, debe entenderse nuestra actitud de retirarnos de la sala (Academia de Ciencias).

CUARTO. Que la juventud consciente, sin ánimo perturbador ni más programa que lo que estima el cumplimiento de un deber, está dispuesta en lo sucesivo a adoptar idéntica actitud de protesta en todo acto en el que tome parte directa o indirecta una personalidad tachable de falta de patriotismo o de decoro ciudadano.

QUINTO. Que por este medio solicitamos el apoyo y la adhesión de todo el que, sintiéndose indignado contra los que maltratan la República, piense con nosotros y estime que es llegada la hora de reaccionar vigorosamente y de castigar de alguna manera a los Gobiernos delincuentes.

La Habana, marzo 19 de 1923.

(Firmados): *Rubén Martínez Villena*, José A. Fernández de Castro, *Luis Gómez Wanguemert*, José Manuel Acosta, Alberto Lamar Seweyer, *Juan Marinello Vidaurreta*, Primitivo Cordero Leyva, Félix Lizaso, Calixto Masó, Jorge Mañach, Francisco Ichaso, José R. García Pedrosa y *José Zacarías Tallet*.

Nota. Los que aparecen en cursiva pertenecieron después al Partido Comunista surgido en 1925."

Quoted in: Mario Riera, *Historial obrero cubano 1574-1965*, p. 276.

10. "*Grupo Minorista de Avance: 1924.*

Abela, Eduardo
Acosta, José Manuel
Acosta Bello, Agustín
Antiga Escobar, Juan
Baralt Zacharie, Luis A.
Blhume, Otto
Bonilla, Diego
Brull, Mariano
*Carpentier, Alejo
Casanova, Martí
Fernández de Castro, J. A.
Enrique, Carlos
Gattorno, Antonio
*Gómez Wanguemert, Luis
Hurtado de Mendoza, José
Ibarzábal, Federico de
Ichaso Macías, Francisco
Lamar Scweyer, Alberto
 (Irradiado)
Lizaso, Félix
López Puentes, Luis

Mañach Robato, Jorge
Maribona, Armando
*Marinello Vidaurreta, Juan
Martín, Juan Luis
Martínez Márquez, G.
*Martínez Villena, Rubén
Massaguer, Conrado W.
*Pedroso, Regino
Pichardo Moya, Felipe
Quílez, Alejandro T.
*Roig de Leuchsenring, E.
Roselló, Arturo Alfonso
*Sabas Alomá, Mariblanca
Seigle, Octavio
Serpa, Enrique
Sicre, Juan J.
*Tallet, José Zacarías
*Valle, Gerardo del
Valls, Jaime
Viamontes, Orosmán.
*Villar Buceta, María

* *Militaron después en el Partido Comunista."*
 Quoted in: Mario Riera *Historial obrero cubano 1574-1965*, p. 278.

11. Véase: "El grupo de minoristas de intelectuales habaneros" (La Habana: Cuadernos de Historia Habanera, N. 73, 1961), p. 9. Quoted in: *La Generación del 23 en Cuba*, by Carlos Ripoll (New York: Las Américas Publishing Co., 1968), p. 50.

12. Luis E. Aguilar, *Cuba 1933, Prologue to Revolution*, p. 226. Quoted in: "The Cuban Terror", *The Nation*, April 3, 1935, p. 381.

13. Juan J. Remos, *Historia de la literatura cubana*, Vol. 3, p. 168.

14. Ibid., pp. 173-174.

15. Raimundo Lazo, *La literatura cubana* (México: Universidad Nacional Autónoma de México, 1965), p. 184.

16. Ambrosio Fornet, *Antología del cuento cubano contemporáneo*, pp. 9 a la 43.

17. Salvador Bueno, *Antología del cuento en Cuba* (La Habana: Ediciones Mirador, 1953), pp. 10-11.

18. José J. Arrom, *Esquema Generacional de las Letras Hispanoamericanas* (Bogotá: Instituto Caro Cuervo, 1963), p. 197.

19. José A. Portuondo, *Cuentos cubanos contemporáneos* (México: Editorial Leyenda, S. A., 1946), pp. 7 a la 10.

20. Francicso Ichaso, "Ideas y aspiraciones de la primera generación republicana", *Historia de la Nación Cubana* (La Habana: Editorial Historia de la Nación Cubana, S. A., 1952), p. 330.

21. Carlos Ripoll, *La Generación del 23 en Cuba*, p. 55.

22. Salvador Bueno, *Antología del cuento en Cuba*, p. 12.

23. José Antonio Portuondo, *Cuentos cubanos contemporáneos*, p. 9.

24. Carlos Ripoll, *La generación del 23 en Cuba*, p. 55.

25. *Revista de Avance*, 15 septiembre de 1930, Vol. 5, No. 5, p. 259.

26. Carlos Montenegro, "El hijo del mar", *Revista de Avance*, La Habana, Cuba, 15 de abril de 1928, Vol. 3, No. 21, p. 9.

"Balance Literario de 1928", *Revista de Avance*, 15 de diciembre de 1928, Vol. 3, No. 29, p. 343.

Raúl Maestri, "Márgenes a Montenegro", *Revista de Avance*, 15 de abril de 1929, Vol. 4, No. 333, pp. 104 a la 107.

"Una visita a Montenegro", *Revista de Avance*, 15 de marzo de 1929, Vol. 4, No. 32, p. 92.

"Entrevista a Montenegro", *Revista de Avance*, 15 de marzo de 1929, Vol. 4, No. 32, p. 85.

27. Juan J. Remos, *Historia de la Literatura Cubana*, pp. 317-318.
28. Ambrosio Fornet, *Antología del cuento cubano contemporáneo*, p. 35.
29. Ricardo Latcham, *Antología del cuento hispanoamericano contemporáneo (1910-1956)* (Santiago de Chile: Empresa Editora Zig-Zag, S. A., 1958), p. 26.

Capítulo II

BIOGRAFÍA DE CARLOS MONTENEGRO

La vida de Carlos Montenegro está íntimamente ligada a su obra. El transcurrir de los años no ha sido para este escritor una existencia desposeída de sustancia, por el contrario, sus setenta y nueve años han estado matizados de aventuras, accidentes y cambios tan extraordinarios que hacen de su propia vida un tema novelesco, y que ha servido para motivar casi la totalidad de su producción literaria.[1]

Terminada la guerra Hispano-americana-cubana en 1898, las tropas españolas destacadas en Cuba regresaron a España. Entre los militares evacuados de la Isla hay un oficial: Ramón Montenegro, quien regresa a su patria en compañía de una esposa criolla y dos hijas nacidas en Cuba. Otro hijo varón, muerto de corta edad, queda enterrado en la que fuera colonia española.

La familia se establece en Galicia, al norte de España, de donde es oriundo el militar. En esa región, en la aldea Puebla de Caramiñal, nace el 27 de febrero de 1900, Carlos Montenegro, en la calle Arenal, entonces número uno, «es una aldea grandiosa de las rías bajas de Arosa, lindante con el Finisterre, cabo roqueño donde confluyen los choques de dos mares, el Atlántico y el Cantábrico, que hasta fines del siglo xv señalaban el fin de la tierra».

El grandioso paisaje de la Villa, donde vive Carlos Montenegro durante siete años, sirve de fondo a los cuentos que tratan de su niñez, la mayoría de los cuales son autobiográficos y tienen por escenario al mar Cantábrico, las rías gallegas, el monte Curotas —Curotiñas como le llama en gallego Montenegro— veleros que cruzaban ríos y mares, la gente del pueblo y la agreste campiña. Todo este ambiente que también inmortalizara Valle Inclán en sus *Comedias bárbaras,* y el cual describe Montenegro en sus relatos: «La mar es así», «La huella del cacique», «El cordero», «La escopeta» y «El regreso», este último no coleccionado en ningún volumen publicado.

El propio Montenegro confiesa:

> Nací, puedo decir, en el mar, porque mi casa en los pleamares quedaba cercada por las aguas que iban a mezclarse con las de un río cubierto de mimbres completando el cerco. Allí nací y pasé mi niñez. Muchas veces había que salir de la casa en bote. Cada vez que alzaba la vista mis ojos se inundaban de las inmensidades del Cantábrico y mis pulmones se hinchaban de aire marino.

Montenegro va a crecer entre dos culturas: por un lado una madre cubana de estirpe mambisa: Mercedes Rodríguez; y con familiares relacionados con la lucha independentista como el tío Évaro Rodríguez que estuvo próximo a José Martí en las actividades revolucionarias de Tampa, Florida. De acuerdo con el escritor, su madre simpatizaba con la masonería, lo que contrastaba con la religiosidad católica y fanática de Ramón Montenegro, su padre, «Carlista de cruz y boina», quien a la vez era soldado del ejército español.

La familia de Carlos Montenegro vivía de los negocios del padre que se convirtió en cacique de la comarca construyendo una flota pesquera que prosperó con el tiempo. Muchas de las decisiones del pueblo las tomaban el cura y el padre del escritor, quien cumplía puntualmente con sus deberes ciudadanos y religiosos. Por otra parte la madre, aunque asistía a misa los domingos, nunca accedió a confesarse, lo que le granjeó cierta animosidad con la comunidad aldeana. Montenegro comenta al respecto:

> Esto y ser tenida como extranjera debió someterla a una fuerte nostalgia, la que compartía de alguna manera mi padre que la

quería mucho. A ella, triste y dulce, la amaba yo apasionadamente, lo que según mi padre —y no se engañaba— me debilitaba.

De acuerdo con el escritor, el balance de estos siete años puede sintetizarse de la siguiente manera:

> Tres cualidades predominaban en mí superlativamente: era enfermizo, tímido, y orgulloso; y además tenía una imaginación desbordada...

El padre de Montenegro trató de fortalecerlo física y espiritualmente entregándolo a los patrones-capitanes de sus barcos, que se hacían al mar y les ordenaba:

> Nada de remilgos con él, el trato como a un grumete cualquiera. Sólo recuerdo que tomaba la precaución de asegurarse que llevara al cuello escapulario de la virgen del Carmen. Los patrones contestaban: «Lo que mande don». Pero cuando entraba el barco en la mar gruesa decía el patrón resignado: «Ata al muchacho no vaya a ser lanzado por la borda»...

Espiritualmente, el cura del pueblo y su maestro, a quienes odiaba, trataron de tonificar su carácter.

«Yo no le tenía miedo al mar. En la infancia el temor es un reflejo y aquellos hombres de la Villa afrontaban serenamente todos los peligros.» Sin embargo, temía al maestro que le hizo odiar el colegio, quien cuando no respondía adecuadamente a las memorizaciones del catecismo y otras materias, lo azotaba en presencia de los demás alumnos, práctica en boga por aquel entonces: «El aldeanote usaba una variante del proverbio clásico: 'La letra con sangre entra'; el suyo es más objetivo: 'Lo que no entra por la cabeza entra por el culo'.»

Según el mismo Montenegro, el resultado de este sistema de enseñanza es que nunca en su vida ha podido salir airoso de ningún examen oral, ni de ninguna confrontación pública: «mi incapacidad en esta área persistía fuera del aula, y persiste aún. Lo atribuyo al conjunto de mis males congénitos». Esta es una de las causas del ensimismamiento y la fantasía desbordada que convierten al marinero en escritor.

Carlos Montenegro aprendió a leer solo antes de ir a la escuela, leyendo libros ilustrados en su casa con la ayuda del ama de llaves que según el escritor era hija ilegítima de su abuelo, cosa que corroboró una pequeña herencia que le dejó.

En 1907 la familia decide trasladarse a Cuba. Carlos contaba ya siete años de edad y la prole había aumentado a siete hermanos; en Cuba nacerá el último, sumando un total de ocho hijos los herederos de Ramón Montenegro. Acompañó en este viaje a la familia el ama de llaves, Manuela, y uno de los capitanes de la compañía de su padre, Juan, quien luego ha de ayudarlo y enseñarlo a ser grumete en el vapor «Julia», donde Montenegro se inicia como marino.

Carlos Montenegro ingresa en un colegio católico en la Villa de Guanabacoa, provincia de La Habana, el cual estaba administrado por la orden de los Paúles. Para el escritor ésta fue su primera prisión:

> Mi primera prisión y mi primera fuga ocurrieron entonces allí, donde estuve once meses. Lo primero que me afectó fue verme separado de mi madre. Mi habitual insomnio se refugió en un aparente misticismo. Por las noches, mientras dejaba correr lágrimas, rezaba un padrenuestro y un avemaría por cada uno de los de mi casa. Conmigo ya éramos diez. Como dije, fue mi primera prisión, quizás la más gravosa experiencia, la más dolorosa y al cabo la más decisiva, en la que por primera vez, —¿diré la única?—, se manifestó, contra todo obstáculo, mi voluntad: palpé la injusticia y me libré de algunos prejuicios.

Carlos observa el trato que en el colegio le daban a los muchachos «becados» —los que no pagaban—, los cuales eran llamados «monosabios» porque el uniforme que les obligaban a usar estaba siempre fuera de sus medidas. El trato era humillante y vergonzoso, así como los trabajos que les forzaban a realizar.

Este encierro en el colegio y otros posteriores van a madurar al escritor quien forzosamente, como un escapismo, cultiva la fantasía y la ensoñación.

Mi estancia en ese lúgubre colegio alteró mi niñez notablemente. Yo soñaba con el mar abierto de Galicia, los bosques, los barcos, y soñando despierto en las clases no prestaba atención a las oportunas ocurrencias de los profesores lo que provocaba que me castigaran de vez en cuando, sin embargo los castigos no frenaban mis divagaciones y yo no cambiaba un castigo por el disfrute que me producían los recuerdos de mi niñez en libertad corriendo entre rocas, arenales y árboles...

Esta etapa de formación en la vida de Carlos Montenegro es importante por cuanto va a producir un impacto y fijar ciertos rasgos de su personalidad que lo acompañarán toda su vida.

El padre don Ramón Montenegro pierde su fortuna por malos negocios en La Habana, y entre otras cosas no puede abonar la matrícula de su hijo en el colegio religioso. Montenegro es llamado a la Rectoría y el cura encargado de la dirección le comunica la mala nueva. Desde ese instante pasaría a la categoría de «monosabio». El escritor, adolescente entonces, no puede resistir la humillación que ello traía aparejado y provoca un accidente que le posibilita huir del colegio. Su fantasía le hace urdir un plan y triunfa. Se hiere él mismo la mano y acusa a uno de los curas del plantel educacional ante los tribunales de pegar a un menor. El asunto ocupa la primera plana de los periódicos capitalinos y hasta comentarios editoriales en que unos defendían a los religiosos y otros, usando las declaraciones del muchacho, atacaban ese sistema escolar. El asunto se resolvió ante el juez y Carlos Montenegro tuvo que salir de la escuela:

Salí de la escuela para mi casa, digo mal, para un cuarto en una azotea de La Habana vieja, donde mi familia vivía amontonada. Mi padre, deshecho, acaso pensó en exorcisarme: mis hermanas mayores, educadas monjilmente, dejaron de gastarme bromas y de emplear el diminutivo para nombrarme; mis hermanos menores me hacían guiños y se tapaban las bocas para sofocar sus risitas. Mi madre, como siempre, estaba a mi lado, silenciosa, moviendo su cabeza dubitativamente:
—¿Qué será de ti ahora? —me decía tiernamente.
—Seré marinero —le respondí.

Ya contaba Carlos Montenegro trece años de edad y fue inscrito en la Escuela Pública Número Siete de la calle de San Ignacio en La Habana, de la que escapa frecuentemente para irse a los muelles habaneros a frecuentar la vida marinera que tanto añoraba. El mar representaba para él la edad feliz de Puebla de Caramiñal. En su casa dormía a la intemperie en la azotea, debajo de algún objeto, costumbre que seguirá cuando se haga a la mar.

La precaria situación económica que atravesaba la familia le inspiran sus cuentos: «El hijo del mar», publicado por la *Revista de Avance* el 15 de abril de 1928; y «El pomo de caramelos», ambos coleccionados en el libro *El renuevo y otros cuentos*.

Corría el año de 1914, un tío de Montenegro que vive en la Argentina, Rafael Montenegro, le ofrece a la familia la posibilidad de instalarse y comenzar una nueva vida en Villa Mercedes, provincia de San Luis. La familia se embarca para Argentina y permanece en San Luis once meses. Los proyectos no se realizaron y la familia entera tiene que volver a Cuba.

En esta etapa de la vida de Carlos, que ya cuenta catorce años, sus actividades transcurren entre «la azotea en donde dormía; la escuela pública y la calle». El padre para sustraerlo a los «malos ejemplos» y «encauzarlo en algo», habla con un antiguo amigo que era armador —como había sido su padre—. Éste le ofrece trabajo. Carlos Montenegro recuerda la humillación de la entrevista. El armador le dijo a su padre que le daría albergue y comida en un navío varado que pronto se haría a la mar, pero «sin sueldo»; para ti —dijo señalando a mi padre— siempre será una boca menos...; Gracias, contestó mi padre... Anda, bésale la mano —me dijo a mí. El armador de buques y yo nos hicimos los desentendidos. Mi padre no conservaba el orgullo de su pasado, ni yo sombra de su soberbia...»

Me contó el escritor que su primer viaje marino y de aprendizaje, lo realizó en el barco «Julia», bajo la supervisión de Juan, quien había venido a Cuba con ellos:

No se apene amo, usted verá cómo hago de él un hombre —le dijo a mi padre—. Allí terminaron mis meses de pillaje y de hambre, los que habían matado la soberbia que tenía en los Paúles. También contribuyó a ello la situación económica de mi familia y el estado deplorable en que se encontraba mi padre, que era mi orgullo.

Como vemos, la influencia del mar es una constante en la vida de Carlos Montenegro, es la válvula de escape que le permitirá evadir la realidad y encontrar placer en la ensoñación.

De 1914 a 1918 es la etapa marinera de Carlos Montenegro, con ligeras interrupciones cuando desembarca en puertos y de paso trabaja en ocupaciones en tierra firme. Este período de su vida le motiva algunos de sus cuentos del mar: «El discípulo» que integra *El renuevo y otros cuentos*, 1929; «Dos barcos», «La hermana», «Cargadores de bananas», «El caso de William Smith» y «Anazabel», que se recogen en *Dos barcos*, 1934; aunque este último tiene como tema un episodio en tierra, está inspirado durante este tiempo. Se podría agregar también: «Dos hombres sin historia» incluído en *Los héroes*, 1941.

Los cinco años que pasa el escritor navegando, es decir: de los catorce a los dieciocho años, fijan y a la vez forjan al narrador. Travesías, trabajos y episodios durante las navegaciones, y sus visitas y accidentes en puertos de Centro América, México, Cuba y los Estados Unidos, donde desempeña las más variadas ocupaciones, fortalecen su espíritu y su cuerpo entonces enfermizo, que resiste los rigores más extremos y profundas soledades. De su niñez desaparece en esta etapa la propensión a las enfermedades; pero su timidez y su imaginación desbordada lo acompañarán por toda la vida.

Montenegro es propenso al juego cabalístico y a la magia de los números. Vale estampar aquí su superstición sobre el número once, superstición que nace por esos años de marinero adolescente: «Once meses estuve en Villa Mercedes, San Luis, Argentina; once meses pasé en el colegio; once meses estuve varado junto con el «Julia» en el puerto de La Habana...»

Durante cuatro años, de 1914 a 1918, cuando desempeñaba trabajos en tierra, cargó bananas en Puerto Limón, Costa Rica; fue minero en Pont Henry, cerca del lago Champlin, Estado de New York, sacó metales de las entrañas de la tierra; cargó muertos que venían de la Primera Guerra Mundial en el Puerto de Filadelfia; trabajó en una fábrica de municiones en Bethlehem, Pennsylvania; una de cuyas veces estuvo al borde de la muerte cuando contrajo la epidemia de influenza de 1917-1918 en un hospital de Filadelfia. También cortó maderas en Almonte, cerca de Ottawa, en Canadá; e hizo trabajos menores en Albany, Syracuse y Nueva York.

> ...Deserté del «Julia» y de tantos padres que querían educarme, algunos con buenas intenciones, otros... Me enrolé entonces en un remolcador de alta mar, del cual deserté también cuando tocó tierra en Puerto Limón, Costa Rica. Allí me fui a vivir con una meretriz que se aprovechó de mi juventud e inexperiencia y prendida a mis ijares como un vampiro quería chuparme la juventud. Tuve que escapar de sus excesos y estuve de cargador en el puerto hasta que me pude enrolar nuevamente en otro navío.

Sobre esta etapa se escriben los cuentos: «El porteño», y «Las tres concesiones» reunidas en *El renuevo y otros cuentos*; «Dos viejos amigos», incluída en *Los héroes*.

Carlos Montenegro tiene una cicatriz en un costado, en la región lumbar, una puñalada que recibió estando preso en el puerto de Tampico, sobre el Golfo de México, cuando la Revolución Mexicana estaba tocando a su fin.

> En México estuve preso en Tampico. Resulta ser que fui a venderle unas pistolas que se habían salido de una caja en las bodegas del barco donde trabajaba, a un armero de la ciudad al cual venían consignadas. Éste llamó a la policía y me acusó de ser agente de los Estados Unidos.

De la estancia en la cárcel mexicana surgen varios de sus mejores cuentos: «La sortija», y una trilogía: I-«La cárcel», II-«La causa», y III-«La fuga» incluídos en su primer libro.

Tampico estaba tomado militarmente, pero al ser herido y trasladado a la enfermería de la prisión, (las autoridades, según el autor, le permitieron fugarse para poder seguirlo y descubrir a sus presuntos cómplices), el destino le ayudó y pudo huir antes de que establecieran la vigilancia adecuada en el hospital, ya que su herida no había podido ser cosida y estimaban —o se lo hicieron creer— que sangrando como estaba el penado no se iba a atrever a escapar. Un mexicano desconocido lo recogió y ayudó llevándolo a su casa y cuidando de él hasta que restablecido pudo embarcar y abandonar el puerto.

Después de un período de exclusiva navegación regresa el escritor a La Habana, siendo éste su último oficio como marinero, aunque puede decirse que Montenegro jamás abandona definitivamente el mar.

Carlos Montenegro había tenido problemas con algunos miembros de la tripulación del barco en donde trabajaba debido a que éstos discriminaban tanto al negro como al criollo. La tripulación la formaban principalmente españoles. Esta militancia antidiscriminatoria, al parecer sin consecuencias, le juega una mala partida en el puerto de La Habana, hecho que va a tener enorme trascendencia en la vida del escritor y que de alguna manera propiciará su vocación. Montenegro cuenta el hecho:

> Cierto día se produce una riña al parecer sin importancia entre unos marineros y yo, quienes me acusaban de apátrida —recordemos que Montenegro es hijo de padre español y madre cubana nacido en España, y que había trabajado bajo distintas banderas y en distintos países— por defender a los negros y criollos que eran discriminados en el barco.

Una noche caminando por las calles de la ciudad le asaltan dos o tres hombres. Debido a las amenazas que le habían hecho los tripulantes del barco andaba siempre armado de su navaja de afeitar. En una lucha con sus agresores estos le derriban por un golpe de madero, pero su instinto de conservación y su juventud le hacen erguirse y esgrimiendo la navaja, lanzando tajos a diestra y siniestra, trata de poner en fuga a sus agresores o abrirse paso entre ellos. Uno se interpone a la hoja reluciente y queda mortalmente herido. Esta situación, esta vivencia genera el cuento: «El enigma», una de las narraciones más lograda e inserta en *El renuevo y otros cuentos*.

Montenegro tiene diez y ocho años de edad y por el crimen se le inicia causa judicial. Falto de amigos y personas influyentes; su familia arruinada, no tiene quien le ayude en ese momento crucial de su existencia. Su recurso de siempre: irse al mar, se lo imposibilita la prisión preventiva. Le asignan un abogado defensor de oficio. Dice al respecto Montenegro:

> Fui condenado a pesar de mi juventud, impropiamente. Una de las minutas de mi juicio decía: «No alega inocencia». Precísese el adverbio negativo. Es una muletilla de todos los condenados y que sólo les es útil para alimentar su resentimiento... Yo, por mi edad, y los años de vida arriesgada que precedieron al hecho, me dispuse a repeler la agresión a que uno de mis azares me exponía... Rechazo la legalidad de mi condena y creo que para demostrarlo es suficiente ver desde el primer: «Considerando probado» de mi sentencia: «No habiéndose podido precisar cómo se iniciaron los hechos...» Siendo así no cabía sino mi absolución. Este es uno de los motivos que me impulsan a condenar a la ¿Justicia? ¡Injusticia! en mi obra. Mis jueces ya están muertos, ¡Descansen en paz! No fueron los únicos culpables de mi tragedia o condena. Mi abogado defensor permitió que ellos, durante la vista de mi causa, «durmieran la siesta» (se distrajeran en otras cosas sin prestar atención), o por lo menos lo fingieran en frente de nosotros. Ya fallecidos, quiera que no, tienen mi perdón...

Forzando la situación, por la sencilla razón de que este hecho fue determinante no sólo en la vida del hombre sino en la del escritor, le solicité a Montenegro que me relatara en sus menores detalles los acontecimientos, las situaciones, los elementos de su condena. El texto, aunque un tanto extenso, se inserta por los motivos anteriores y porque además es una página inédita del escritor, una forma narrativa.

Voy a relatarle los hechos de mi condena y usted decidirá, dice Montenegro:
Estoy sentado en la antesala del juzgado entre dos escoltas. Por mal que se piense de mí es natural que se admita que me encuentro abrumado por lo ocurrido. En esas condiciones un viejecillo que entra se detiene ante mí. Lo acompaña un hombre joven al que años después, ya en libertad yo deberé mucho. El viejecillo me mira con la atención del que tiene una mosca cami-

nándole por la cara y espera que se detenga para propinarle la muerte con su manita. Ésta se me posa en la pelambre; siento y sigo, entre absorto y asombrado, la leve presión de la mano que parece querer identificar mi perfil. Al fin dice volviéndose a su acompañante: «Un puro lombrosiano.» A esto ya había salido a la superficie del hondo charco en que se agitaban mis pensamientos. No estaba al tanto de la palabreja que entonces parecía estar en boga y que la identifiqué, por su asociación, con la lombriz...

—¡Ah no carajo, lombriz no! —le dije al viejecillo en su carita llena de pliegues—, ¡eso lo será el coño de su madre...!

La carita del viejecillo se abrió en una sonrisa que dejó a la vista su cajetilla dentaria. Con mi ex-abrupto había confirmado su «diagnóstico».

Siguió su camino y le pregunté a uno de mis escoltas:

—¿Qué quiso decirme esa mierdita?

—Lombrosiano, quiere decir asesino de nacimiento —dijo el escolta.

—¡Qué atrevido! —contesté.

—Eso no es nada —sentenció el escolta— lo malo es que se trata del juez que te va a instruir de cargos...

Me procesó por asesinato. Al día siguiente, ya en la cárcel, vino el médico forense. Debía dar fe de mi cuello inflamado por el golpe de una tranca, lo que no apareció en la instrucción. Aquí aparece ya la participación de mi inefable abogado de oficio. No sé perdonarlo y dejo constancia de su nombre: Dr. Octaviano Camacho. Un jovenzuelo, alumno eminente de la universidad, hijo o sobrino del Presidente del Tribunal Supremo, que iniciaba su carrera conmigo. Un mes o dos después me llamó al salón de abogados, llevándose las manos a la cabeza, dijo:

—¡Una fatalidad!

Las piernas quisieron doblárseme. Ya mi experiencia me había enseñado que nací bajo el signo de la fatalidad:

—¿Qué, voy a ser ahorcado...?

—Qué ahorcado ni qué niño muerto, el ponente acaba de modificar el auto del procesamiento. Califica lo tuyo de homicidio.

—Qué susto me ha dado —dije agarrando la felicidad con mis dos brazos—, y eso ¿le disgusta?

—Todo mi trabajo perdido —me contestó—. Quería destacarme con una pena de muerte que era lo mejor para los dos. En el Supremo te sacaría libre... Y ahora ¿qué importancia tiene un vulgar homicidio?... Si hubiera sido un Lombrosiano allí mismo lo hubiera matado. ¿Lo fui, por dejarlo seguir representándome porque entonces había colaborado con el viejecillo?

El segundo considerando probado de mi causa dice que no se pudo precisar si un segundo atacante me causó una lesión en el cuello, ¿y el testimonio del médico forense? Eso lo pensé después. En ese momento no hacía más que concederme albricias. ¿Qué enredo habían fraguado aquellos dos seres —el viejecillo y mi absurdo abogado— para que el forense se viera en la necesidad de variar la calificación cuando suele ser el tornillo más duro del procedimiento judicial? La defensa de mi abogado fue tan nula que después tuve la certidumbre que hizo todo lo posible por mantener su esperanza de que fuera condenado a muerte. Yo no sabía nada y además siempre he padecido del miedo escénico. ¿Por qué mi abogado no alegó la legítima defensa? Simplemente se limitó a pedir mi absolución por «ser irresponsable criminalmente». Al parecer coincidía con el viejecillo en tenerme por Lombrosiano. No fue su único crimen. Dejó pasar el término de mi apelación y mi sentencia se hizo firme sin ir al Supremo, que hubiera casado la defectuosa sentencia. El padre o tío de Camacho, mi abogado «defensor», obtuvo para el joven un nombramiento de juez correccional. Uno de sus fallos ganó el cintillo de los periódicos: «El que todo lo niega, todo lo afirma»; 180 días era el máximo que podía imponer. Lo más grave era que las sentencias de este tipo de tribunal eran inapelables. La historia judicial cubana está llena de aforismos, de sentencias salomónicas. El que más contribuyó en este sentido fue el juez Armazán, el cual estableció el derecho de ser parte y juez a la vez... Una vez al sentenciar a un jugador de bolitas * a una multa de $180.00, el reo con desfachatez sacó dinero del bolsillo y lo puso en la mesa del juez diciendo: «Como éstos.» A lo que contestó el juez: «Búsquese en el otro bolsillo a ver si encuentra 180 días de cárcel.» Contra un ingenio como éste quería combatir mi desdichado «ex-defensor».

Carlos Montenegro cumple sus doce años de cárcel en el Castillo del Príncipe, en La Habana, hasta que es indultado de una condena de catorce años, ocho meses y un día. Entra en prisión a los diez y nueve años, en 1919, y sale de ella al cumplir los treinta y uno, en 1931. Estos doce años lo convirtieron en un escritor de cuentos aclamado por la crítica.

De la experiencia carcelaria extrae material para muchas de sus narraciones: «El resbaloso», «El prófugo», «El tocayo», «El mudo», «El timbalero», «El beso», «El rayo de sol», que aparecen en su libro *El renuevo y otros cuentos*. «El nuestro», «El libro», «Macatay», «La cartera», «La herencia», «Reportaje sensacional» y la tetralogía: «El domado», «El iluso», «El incorregible», «El superviviente», incluídos en su segundo libro *Dos barcos*. Es de notar que en su tercer libro *Los héroes*, el tema carcelario es nulo.

La juventud y el comportamiento del reo atraen la atención del jefe penal, «Guatemoc» Menocal, quien era hermano del Presidente de la República Mario G. Menocal. El propio Jefe le permite a Montenegro sacar libros de la biblioteca, lo cual estaba prohibido, y así es como éste va haciendo su cultura en obras de la literatura clásica española: *El libro de las Siete Partidas* de Alfonso el Sabio; *La historia de Francia;* «ya había leído: *Felipe II o la agonía de un déspota* y *El telémaco* de Fenelón; me hice un experto en la Revolución Francesa. También leí: *El conde Lucanor* y otras obras de Tirso de Molina, Lope de Vega, Calderón y Rubén Darío entre otras.»

Montenegro le confía su incipiente vocación literaria a J.Z. Tallet. Por propia incitación de Tallet, Montenegro escribe el siguiente soneto alejandrino; lo copio por ser una composición curiosa. Por no quedar más que en la memoria de su creador y porque además confirma la obsesión marina de Montenegro:

ULTIMO VIAJE

Hace ya muchos años que surco el mar. Diría
que ha sido hasta el exceso duro mi aprendizaje;
y sin embargo aún soy patrón de escampavía
y mi carta licencia sólo es de cabotaje.

¡Oh mi ruta de altura! La emprendí en un viaje
en que, ido al garete, añoré la bahía...
(El mascarón de proa, apuntando un visaje,
con su cara de sátiro de mi compás reía.)

¿Seré culpable acaso que tenga mi sextante
un sector que no mida dos tercios del cuadrante
y que mi escampavía en la mar no descuelle?

En la duda más vale amarrar el navío
y la inútil bitácora de su puente vacío
sirva de buen refugio a las ratas del muelle.

Este no el único poema compuesto por Montenegro; escribió otros hasta que él mismo se separa de la poesía por propia convicción. Tallet, al parecer, confirma este último pensamiento y también por insinuación de él, Montenegro escribe su segundo cuento «El mudo», incluido en *El renuevo y otros cuentos*. En verdad, el primer cuento escrito por Montenegro es «*El resbaloso*», que trata de la vida de un negro violador de mujeres, la narración está coleccionada en *El renuevo y otros cuentos*, y sobre este texto existe una leyenda. «El resbaloso» no se publica de inmediato por su contenido sexual aunque se hace popular entre los intelectuales que se pasan el cuento de mano en mano. Luego me dijo Montenegro que se publica en *El Fígaro* de París —dato que no pude confirmar—.

Los cuentos de Carlos Montenegro comienzan a aparecer en las revistas *Chic, Social, Carteles, Bohemia*, y la página literaria del *Diario de la Marina*, en La Habana. Un grupo de intelectuales cubanos llegaban hasta a pedirle un cuento diario: José Z. Tallet, Fernández de Castro, Juan Marinello, entre otros.

> Ya para el año 1925 yo tenía una colección de ellos, algunos se habían publicado. Lo más interesante de esto es que el que escribía era un preso, salido de los barcos, un marinero al que no se le suponía cultura alguna.

Un grupo de intelectuales empiezan a reconocer los méritos del escritor prisionero y se organizan para tratar de obtener un indulto. Enrique José Varona el ideólogo de la «Generación del 23», llega a escribir una carta al entonces presidente general Gerardo Machado Morales, interesándose por la conmutación de la pena del narrador. También en Madrid, Rafael Suárez Solís, respaldado con la firma de más de una veintena de escritores, firma un documento en favor de Montenegro, y lo envía al Gobierno cubano. El famoso criminalista español Jiménez de Asúa también se une a la petición de indulto alegando preceptos legales en favor de Montenegro. Por esos días, en el mes de septiembre de 1928, el escritor obtiene desde la cárcel el «Primer Premio» de la revista *Carteles* con su cuento «El renuevo». Con ese motivo se recogen más de diez mil firmas en favor del escritor preso y se le rinde un homenaje en la prisión. El 15 de octubre de 1928, la *Revista de Avance* da cuenta del hecho:

> Tributo a Montenegro. — En el reciente concurso de la revista *Carteles*, el triunfo de Carlos Montenegro con su cuento «El renuevo», tuvo los caracteres de una consagración... La idea de una edición de sus cuentos por suscripción entre sus admiradores, ha tenido la mejor acogida, y anda ya en vías de realización. «1928» no es ajena a ella, y pone su entusiasmo al servicio del talento de Montenegro, y de las letras cubanas.

Según Montenegro, su indulto estaba a la firma del presidente Alfredo Zayas, cuando un incidente de éste con Emilio Roig de Leuhchering, intelectual de ideología marxista y miembro del Partido Comunista de Cuba —más tarde Historiador de la Ciudad de La Habana, cargo que siguió disfrutando con la toma del poder por Fidel Castro— lo echó abajo. El caso parece haber pasado de la siguiente manera según nos cuenta Montenegro:

> Cuando Alfredo Zayas era presidente, en sus últimos momentos, tenía a la firma mi expediente de indulto. Emilio Roig de Leuhchering se impacientó y publicó una nota diciendo que únicamente durante el Gobierno del imbécil autor de *Al caer la nieve*, podía permanecer en el presidio un escritor como Carlos Montenegro. *Al caer la nieve* había sido escrito por el doctor Alfredo Zayas, quien disgustado por el artículo de Emilio le dejó el expediente a su sucesor Gerardo Machado Morales...

Hacia 1927 comienza Montenegro a mantener correspondencia con una admiradora lectora de sus cuentos. Eran las primeras cartas de mujer que recibía en su vida. Se conocen personalmente, se enamoran y después de un corto noviazgo contraen matrimonio:

> Mi matrimonio y relaciones con Esther Emma Luisa Pérez González Téllez constituyeron una leyenda. Es de considerar los prejuicios sociales y las razones familiares que debió enfrentar mi mujer. Su madre movió cielo y tierra para evitar nuestra unión. Incluso hizo que me visitara el Secretario de la Presidencia para persuadirme a no contraer nupcias con Emma: Usted es un intelectual, pero... Ya después en libertad tanto su madre, como su hermano Gustavo, también lo fueron míos. (sic)

La esposa de Montenegro era profesora de literatura y con el tiempo llegó a ser catedrática de la Escuela de Filosofía y de la Escuela de Pedagogía de la Universidad de La Habana. Cuando Fidel Castro tomó el poder en Cuba, fue nombrada Decana de la Facultad de Pedagogía, y antes de tomar posesión del puesto abandonó la Isla. Es autora de varios libros: dirigió la revista *Gente,* de La Habana; y es actualmente editora-propietaria de un periódico que se edita mensualmente en español en Nueva Orleans: *Siempre* (que ha salido ininterrumpidamente por espacio de doce años).

Ya en 1929 Carlos Montenegro era ampliamente conocido en los círculos intelectuales cubanos. La *Revista de Avance,* órgano de propagación de la intelectualidad de Cuba en aquel entonces, daba cabida a las colaboraciones del escritor; y a notas y críticas sobre sus trabajos.

Finalmente en el año 1931, Carlos Montenegro recibe el indulto en forma condicional. Influido por las corrientes en boga ingresa en el año 1933 al Partido Comunista y comienza a trabajar para él y a colaborar en revistas y periódicos de La Habana. En 1934 sale su segunda colección de cuentos: *Dos barcos.* Durante los años 1938 a 1940 se desempeña como Jefe de Redacción del periódico *Hoy,* y viaja a España durante la Guerra Civil como corresponsal de guerra de la revista *Mediodía.* Allí traba amistad con intelectuales españoles, cubanos y extranjeros que simpatizaban con la República, a la vez que, paradójicamente, comienza a desencantarse de la ideología marxista administrada por el Partido Comunista. De esta visita a España resulta su libro-reportaje: *Tres meses con la fuerza de choque* (División Campesino), 1938.

Hacia 1936 se realiza un congreso de juristas en Viena, con la participación del criminalista español Jiménez de Asúa. El tema a tratar es el de la reforma penal. A raíz de este hecho Montenegro envía una carta a Jiménez de Asúa, la que iba a estar acompañada de un cuento donde se denunciaban los sufrimientos de la vida carcelaria. Montenegro relata que el cuento se frustró, pues el material crecía en páginas y hechos y dio como resultado una novela: *Hombres sin mujer,* publicada dos años después en 1938.

En el año 1937 publica Carlos Montenegro un libro-folleto titulado *Aviones sobre el pueblo*. Esta publicación no aparece registrada en el Catálogo de la Biblioteca del Congreso de los Estados Unidos ni en otros índices de libros publicados. Sin embargo, en nota de los editores de su libro *Los héroes* y en algunas antologías como la de Ambrosio Fornet: *Antología del cuento cubano contemporáneo*,[2] se hace referencia a la obra sin darse a conocer más detalles. Interrogado Montenegro me informó que se trata de un relato largo que es más un folleto que un libro:

> La edición limitada la imprimió Ucar García de La Habana y sus ejemplares se vendieron a cincuenta centavos. El producto del mismo se destinó a ayudarme a pagar los gastos de mi viaje a España como corresponsal de la revista *Mediodía*. El tema de la historia era la indiscriminada metralla que dejaban caer los aviones contrarios a la República española sobre pueblos indefensos. Un abuelo ve morir desde una ventana a sus dos nietos, víctimas de un bombardeo. Al enterrarlos, en vez de una cruz, pone en su tumba un fusil.

Por estar el folleto agotado y por su extrañeza, consignamos aquí las palabras del autor.

En 1939 intenta Carlos Montenegro la dramaturgia, instado por el Partido Comunista que quería utilizarla como vehículo de propaganda. Escribe entonces: «Tururí ñañan» —que según él, hasta le pusieron música a una de sus partes—, y «Los perros de Radziwill», drama en tres cuadros, ambos impresos por Alto Laguirre, La Habana, 1939.

En el año 1941, por un disgusto con el director del periódico *Hoy*, abandona Montenegro el diario y pide su baja del Partido. Poco después es expulsado con un grupo entre los que se encuentra su amigo Rolando Masferrer Rojas, que había peleado en la Guerra Civil Española en la División Campesino, y también había colaborado en la redacción del periódico *Hoy*. En 1940 Rolando Masferrer funda un semanario: *Tiempo en Cuba* que luego se convierte en periódico. Poco tiempo después Montenegro se une a Masferrer en sus empeños, y desde esta publicación se ataca abiertamente la corrupción de la alta dirigencia del Partido Comunista cubano y se hacen graves acusaciones a sus líderes.

En 1944 recibe Montenegro el premio «Hernández Catá» por un cuento inédito que somete al jurado del concurso, este cuento: «El Sospechoso», no aparece coleccionado.

En el año 1941, publica Montenegro su tercera y última colección de cuentos: *Los héroes*, auspiciada por la Editorial Caribe.

Los años 1942, 1943 y 1944 corresponden a un período en la vida de Carlos Montenegro de soledad y aislamiento a la que contribuyó en parte su frustración como marxista. Su existencia transcurría de su casa, en donde escribía un libro sobre la vida revolucionaria de Máximo Gómez, que después de terminado decidió no publicar por razones personales, a la redacción del periódico *Tiempo en Cuba*.

Después de estas fechas, funda Carlos Montenegro la revista *Gente* en compañía del líder azucarero Surí Castillo, durante la presidencia de Ramón Grau San Martín. Cuando Surí Castillo muere inesperadamente en un accidente automovilístico, asume la dirección de *Gente* la esposa de Carlos Montenegro, Emma Pérez Téllez. Durante estos años viaja Montenegro. Ya sea por motivos personales, cansancio de una vida llena de aventuras y sufrimientos, Montenegro deja prácticamente de producir casi en un período de diez años, con alguna que otra colaboración en revistas. Se dedica casi por entero a añorar su vida de marinero, conformándose con la pesca y con viajes por playas e islas adyacentes en un pequeño yate de su propiedad. Solamente el impacto de un viaje en 1953 a Galicia, su terruño natal, le impulsa nuevamente, casi por última vez, a la narrativa, al escribir un cuento no coleccionado titulado: «El regreso».

Cuando en 1959 toma el poder en Cuba Fidel Castro, Carlos Montenegro abandona la Isla de Cuba y se establece en San José, Costa Rica, hasta el año 1962 en que se traslada entonces a los Estados Unidos de Norteamérica, donde se acoge al asilo político. La ciudad de elección para esta nueva residencia es Miami, Florida.

Su labor en los Estados Unidos consistió en colaborar con Rolando Masferrer en el semanario *Libertad*, de Miami,

Florida. En el periódico se reprodujeron algunos de sus cuentos. Muerto Masferrer en un atentado terrorista en Miami, se dedica Montenegro a escribir su última novela: *El mundo inefable*, de la cual confiesa tener escritas más de cuatrocientas páginas. La obra tiene como experiencia su estancia en la cárcel de México en 1917 durante la Revolución Mexicana.

Otra parte de su tiempo lo dedica a visitar a sus nietos e hija; talla barcos y figuras de madera, habilidad que adquirió en la cárcel de México, donde según él labraba semillas de melocotón para procurarse cigarros de marihuana. Sobre su mesa de trabajo descansa un precioso barco tallado en sus más mínimos detalles, cuyas piezas son removibles: «Mis nietos son los beneficiarios de este entretenimiento mío, aunque la vista ya me falla en estas labores.»

Carlos Montenegro reside en un modesto apartamento, solo, en el North West de Miami, Florida. De vez en cuando acude a tertulias literarias donde se le tiene en alta estima. A no ser por las salidas señaladas, vive tranquilo y retirado; recibiendo visitas de admiradores y compañeros; económicamente ayudado por el plan de Asistencia Social del Gobierno Americano.

NOTAS

1. Después de una primera lectura de las obras de Carlos Montenegro, y de tener referencias mínimas sobre su biografía, intuí una posible relación estrechísima, entre el autor y el productor literario. Al saber que vivía me puse en relación con él, y he mantenido largas conversaciones las cuales grabé, y que me han servido como punto de apoyo para el desarrollo de este trabajo. Ellas ocurrieron fundamentalmente durante los meses de enero, febrero y abril de 1977. Otras tuvieron lugar durante el desarrollo manuscrito de esta investigación.

Todas las citas que aparecen en este capítulo sin enumerar son el producto de las entrevistas, a que he aludido anteriormente, así como a manuscritos originales suministrados por Carlos Montenegro al autor de este trabajo.

* Bolita es un juego ilegal de números muy popular en Cuba.

2. Ambrosio Fornet, *Antología del cuento cubano contemporáneo* (México, Ediciones ERA, 2da. ed. 1970), p. 69.

Capítulo III

EL RENUEVO Y OTROS CUENTOS

Como queda sentado, Carlos Montenegro es un autodidacta que se inicia en la cultura y la literatura en la soledad de una prisión. Debido al éxito que obtienen sus primeras incursiones intelectuales apoyadas por José Z. Tallet, y la publicación de textos en la *Revista de Avance*,[1] escritores de ésta le instan a coleccionar sus narraciones. *El renuevo y otros cuentos*,[2] auspiciado por la *Revista de Avance*, aparece en 1929. Al parecer la publicación llevaba el propósito de ayudar a conseguir el indulto del escritor. Esto es evidente puesto que se llega a hacer un subterfugio editorial, haciéndose una primera edición limitada y a los quince días una segunda edición de mil ejemplares, y así hablar ya no de un escritor novato, sino de un autor exitoso.

El libro se compone de una breve biografía del autor, firmada por los editores. (En esta nota biográfica del autor hay un error ya que aparece Carlos Montenegro como hijo de «padres cubanos» cuando en realidad su padre Ramón Montenegro era de origen gallego. Su madre sí era cubana. Posiblemente éste es otro subterfugio editorial que llevaba el propósito de presentar al escritor como cubano cien por cien en una época en que comenzaba a manifestarse en la República un gran sentimiento nacionalista).[3]

En la última parte de la biografía presentada por los editores se hace hincapié sobre la situación de prisionero de Montenegro e incluye un poema sin titular del propio escritor, cuya temática refleja la situación existencial de un encarcelado que trasciende la minucia cotidiana para remontar a valores más positivos, más esperanzados. Por tratarse de una rareza literaria puesto que el libro es prácticamente imposible de hallar lo copio:

> *Mi caída, ¿es caída?*
> *Más bien creo que es ventana y es cima*
> *desde donde la vida se me muestra*
> *en toda su amplitud.*
> *Mi caída es un nuevo*
> *campo de sembradío,*
> *y es sol y es apero*
> *y es surco, y es semilla,*
> *y es riego...*
>
> *¡Sólo espera este campo, cordial y fecundo*
> *mi espiguero!*[4]

La obra está dividida en dos grandes secciones que retratan en oposición la situación vital, dos etapas autobiográficas: «Cuentos de hombres libres» y «Cuentos de presidiarios». La primera incluye catorce narraciones; y la segunda, ocho, que hacen un total de veintidós. De esta última sección sería acertado hacer una subdivisión que constaría de dos grupos de cuatro cuentos cada uno de acuerdo con el lugar geográfico en donde se desarrollan los hechos. De esta manera, bajo el mismo título, aparecerían en una sección: «El mudo», «El timbalero», «El beso» y «El rayo de sol», cuyo espacio físico está ubicado en la Isla de Cuba. En la otra aparecerían: «La sortija», y la trilogía con que termina el libro: I—«La cárcel», II—«La causa» y III—«La fuga», los cuales tienen lugar en México.

«El renuevo», que había obtenido el premio de la revista *Carteles* de La Habana, abre la colección, aunque como quedó dicho no era el primer cuento escrito por Montenegro. La motivación, confesada por el escritor, se debe a una conversación que escucha de un cubano de la provincia de Oriente, también preso, que había sido alcalde de un pueblito de la provincia. Inspirado en lo que acababa de oír, regresa a la oficina de la Pagaduría de la cárcel donde cumplía servicio y comienza a borronear las primeras cuartillas.

El cuento se inicia con un narrador en tercera persona que introduce una trilogía de personajes: un niño, la madre y el padre. Esta economía se inscribe en un espacio abierto, la campiña oriental cubana y en una duración de cinco días. Este tiempo es cronológico y se puede colegir que ocurre durante una de las guerras de independencia de Cuba, quizá la de 1868.

La historia está dividida en dos partes, y la figura del padre del niño comanda este cercenamiento. La primera implica la ausencia del campesino desde que él abandona su bohío para unirse a las fuerzas de la insurrección contra España hasta el regreso a su hogar. La segunda parte comprende la estancia del padre ya en su rancho hasta el desenlace final del cuento.

El primer párrafo de la narración envuelve al lector en una atmósfera lúgubre y de temor que hace presentir la cercanía de un peligro: aunque se presiente la amenaza, no se puede precisar cuál es. Parte de esta ambientación lo realiza la madre guajira que para continuar haciendo las labores diarias quiere acallar los lamentos del niño usando una calavera de chivo, «...el ruido de cuyas quijadas sonoro y hueco llenaban de espanto a la criatura», y exclama: «—¡Asina callarás, rabuja!»[5]

Vale la pena mencionar que la calavera de burro y de chivo, principalmente la primera, son usadas como instrumentos musicales por orquestas guajiras en Cuba. También es usada la cabeza de chivo con fines de «brujería», como instrumento de las religiones africanas que mezcladas con las aborígenes y la católica han dado origen al sincretismo que tanto abunda en Hispanoamérica. El chivo está considerado un animal expiatorio.[6]

El narrador después de introducir estos dos personajes: la madre y el niño, inserta frases lacónicas de estructura regional como una ayuda para reflejar por lo linguístico un preciso ambiente cultural. Son frases parcas sin eufemismos y ornamentaciones. De inmediato cambia el enfoque escénico y el narrador prosigue el relato con un párrafo poético que muestra la agreste campiña del oriente cubano y en la cual inserta el tercer personaje: el padre del niño, «que en la mano el ¡relámpago! (fusta o látigo) y en la otra el sombrero de guano, los zarandea haciendo el postrer saludo a la compañera,...»[7] Puesto que se va a unir a las fuerzas insurrectas.

El clima de amargura que envuelve la acción al comenzar el cuento se disipa un tanto en la prosa descriptiva del campo cubano aunque no por mucho tiempo, pues a manera de estribillo el lamento del niño interrumpe la fugacidad idílica. Así con este método en oposición; es decir, entre extremos bruscos, se va tejiendo la trama.

Siguiendo la técnica de enfoques rápidos que van siempre de la casa al campo o viceversa, el narrador observa la hora crepuscular a través de sensaciones olfativas y distrae no por mucho tiempo la tragedia en la que se desarrolla el relato. El lenguaje ríspido y rural de la madre, que contrasta con el párrafo descriptivo apacible que mezcla lo exasperante y lo bello, vuelve al lector de nuevo a los chillidos del niño y de la mujer que se lamenta de no tener «la huesa» (calavera de chivo) para apaciguar por el miedo al hijo.

Hasta este momento es imposible descubrir todavía el origen de la tragedia, aunque se empieza a intuir por la insistencia del llanto del niño que ésta procederá de la criatura.

—Mira, mamita, mira...
Y mostró la pierna endeble, aprisionada bajo el acero del arado en desuso. Entonces la madre vio la sangre de su hijo por vez primera y la ancha herida hasta el hueso y desalada gritó...
—¡Naiden!
—¡Naiden, Virgen de la Caridad del Cobre![8]

El narrador omnisciente en pocas palabras y con una síntesis de emociones recalca la desolación y desesperación de la madre campesina en su soledad y desamparo. El marido está ausente y ella sabe que la única ayuda sólo puede venir de lo sobrenatural. Un sentimiento de conciencia culpable la envuelve por haber usado la huesa en asustar al hijo para acallarlo y repite tres veces que no lo vio, también a manera de una letanía:

>—¡La huesa! ¡Fue por la huesa y yo que no lo vide!
>Y repitió una vez más, acompañada por el aullido de «Trabuco» el perro guardián:
>—¡Y yo que no lo vide! [9]

Los primeros auxilios al herido consisten en aplicar estiércol a manera de ungüento para contener la sangre del niño que brota de una pierna.

>Y a los cinco días cuando llegó el padre, la piernecita del niño, como el queso casero cuando se pone malo, tenía gusanos.[10]

Diagnóstico que lanza el narrador de una manera fría pero que por su propia simplicidad logra su propósito: producir un escalofriante impacto en el lector.
Aquí termina la primera parte del cuento.
Con la misma técnica de distracción el narrador comienza la segunda parte dirigiendo ahora su objetivo a recursos de relajamiento para refrescar la atención anterior. A través de lo visual y de lo auditivo describe un río cuyas aguas se tornaban de plata en la claridad de las montañas y alude a los animales del rancho que ajenos a la tragedia holgazaneaban mientras el guajiro afilaba su machete de combate. Otra frase regresa a lo espeluznante y viene de boca del padre campesino:

>«—Hay que mocharla...»[11]

El guajiro se acerca al hijo sacando fuerzas de su estoicismo y amor; y con una palidez que lo «engrandecía», le comunica al hijo su propósito consolándolo con una mentira piadosa, en donde lo patético se mezcla con lo irremisible:

>—Tu taita va a mocharte la patica ahora que eres bejigo para que te retoñe sin maleza, ¿sabes?
>El muchacho de grandes ojos inteligentes, tristes, asintió con

la cabeza como si comprendiese, en tanto la madre, por los rincones del bohío, hacía acopio de telarañas.[12]

De esta escena se extrae el título del cuento fundamentalmente en la idea de la mentira: la pierna cercenada con los años se renovará; volverá a crecer.

La narración es una denuncia social con dos niveles de visualización; el local con la pobreza, el desamparo, la soledad, la carencia de recursos de la clase campesina cubana; y el tema de denuncia de las clases menesterosas, cuyo contenido es universal.

El contraste de párrafos y diálogos mantienen perfectamente la unidad temática, emocional y siempre efectista. Los párrafos descriptivos poéticos de una naturaleza indiferente a la tragedia de la acción rompen intermitentemente la tensión pero a la vez balancean el nivel dramático.

No sólo se aprecia el nivel de desolación sino que también se recurre a elementos costumbristas; a las supersticiones religiosas.

Dos conceptos se fijan también en forma determinante en «El renuevo», por un lado la filiación a la narración criollista y que empata directamente a Montenegro con el argentino Horacio Quiroga; con el chileno Baldomero Lillo; con el mexicano Rafael Muñoz y con el dominicano Juan Bosch. El otro concepto estaría en insertar a manera de trasfondo elementos de la historia nacional, que sin estar referidos directamente a la acción, configuran a ésta.

En cierta forma y sin todavía llegar a lo específico, se puede intuir una estructura cíclica en la producción total de Montenegro en cuanto esta primera narración «El renuevo» se empata a su último libro *Los héroes* por el tema patriótico.

Trabajaba Carlos Montenegro en un lanchón que transportaba miel y solía dedicar sus ratos de ocio a leer libros de aventuras, puesto que el viaje se hacía lentamente por el peso de la carga. Casi en su totalidad la tripulación estaba integrada por mallorquines analfabetos a los cuales durante las monótonas horas de navegación aprovechaba Montenegro para enseñarles a leer y escribir. Esta vivencia origina «El discípulo».

El cuento narrado en primera persona establece desde el primer momento una comunicación íntima entre el lector, como si escuchara una confidencia. La acción se desarrolla en un espacio cerrado, el interior de un barco, y la historia de trece páginas puede dividirse en seis partes más un epílogo. Al igual que «El renuevo», la acción es cronológica aunque distinto a éste que sucedía en tierra firme, «El discípulo» ocurre en alta mar.

Comienza el relato con una oración negativa que parece una respuesta a una pregunta del lector: «No fue el 'San Martín' el barco de mi iniciación;...»[13] En las cuatro primeras páginas el narrador protagonista hace un resumen con ciertas digresiones, de su vida anterior a su enrolamiento en el barco de nombre «San Martín». La segunda parte de párrafos descriptivos y diálogos salpicados de humor, comienza cuando el protagonista se decide a hacerse amigo del marinero Juan, a quien enseña a leer y escribir. En la tercera parte el narrador describe escuetamente al capitán del barco, don Julián; y termina con un diálogo en que este capitán permite al joven maestro-camarero sentarse a la mesa de los oficiales, provocando la envidia de muchos tripulantes. Una escala del barco origina la cuarta parte cuando el capitán regresa a bordo casado con Josefina acto que desautoriza al narrador de poder sentarse a la mesa de ellos a comer. La quinta sección es la venganza del protagonista humillado que trata de seducir a la nueva esposa del capitán. Termina esta parte en un diálogo por el que el lector se entera del romance que surge entre ambos, el marinero-maestro y la esposa del capitán, y la confesión que hace el narrador-protagonista a su amigo Juan sobre la conquista que ha hecho. La sexta y última parte del cuento es el clímax del relato cuando el capitán sorprende en su camarote a la esposa infiel y al marinero-educador en un coloquio amoroso. Este hecho produce el suicidio del capitán a la vista de los amantes.

El final melodramático del cuento se salva con la técnica del epílogo mencionado, en el que se entrega a la mujer infiel, por medio de un oficial del barco una nota hallada en la ropa del capitán escrita por mano anónima en la que se denuncia el adulterio. Se da el caso que la misiva tiene faltas de ortografía por las que se descubre que su autor fue Juan el marinero mallorquín, al que el protagonista enseñó a leer.

La historia es en parte verídica, aunque las relaciones amorosas son ficticias y sólo sirven para una intención ética; último propósito de la narración: criticar la falsa amistad, la envidia, la hipocresía y en cierta forma a un descreimiento a los valores magisteriales. Es de observar que entre el primer cuento «El renuevo» y ahora «El discípulo», título por sí irónico, hay enormes diferencias no sólo de ambiente, como de estructura, sino en lo referente a la expresión lingüística. De cierto folklorismo del anterior relato, pasamos aquí a un lenguaje coloquial, natural, acertado para el personaje real y para los que actúan en la historia pero sin narrar o dialogar.

«El chino» también tiene su motivación y una explicación, puesto que fue escrito como una narración por encargo. En el segundo capítulo se mencionó que en determinado momento se le exigía a Montenegro casi un cuento diario, pues la repercusión y el conocimiento que estas narraciones, cuantitativamente hablando, pudieran producir en el medio, colaborarían en beneficio del indulto judicial. «El chino» fue uno de ellos. Fue escrito pensándose más en un «salvavidas» que en un texto literario. En esto ha coincidido su propio autor.

Apremiado por la narración diaria y sin tema, Montenegro comenta con otros compañeros de infortunio esta situación de incapacidad, y uno de ellos le lanza: «Oye, ahí hay un hombre que entró hoy y que mató a un chino.» La indicación bastó para dar origen a la historia.

Un marinero, el narrador, resume la tragedia que motivó que «abandonara el oficio para el cual había nacido». La narración está hecha en dos tiempos que se entrelazan de tal manera que el presente narrativo es el pasado histórico.

En un ambiente rural dos adolescentes queriendo holgar y pasar un buen rato cometen un crimen sin habérselo propuesto. Ambos caminan a campo traviesa dialogando sin trascendencia hasta que la sed los obliga a acercarse a un río en cuya margen descansa un asiático. Se establece un lacónico diálogo por el que los muchachos tratan de irritar al chino, de las palabras pasan a las obras y empujan al hombre al agua.

El cuento se establece también dentro del costumbrismo puesto que en Cuba se solía actuar con la inmigración oriental con cierto carácter de discriminación jocosa.

El asiático al caer arrastra consigo a uno de los protagonistas. Acto seguido comienzan ambos una lucha por salir a flote, lo que constituye el clímax del cuento. El desenlace ocurre cuando el protagonista que era marinero, habituado a usar sus piernas para escalar el mástil y los palos de los barcos, y con el objeto de deshacerse del chino, inesperadamente lo estrangula con los pies. En las dos últimas líneas del relato se fusionan la temporalidad narrativa y a la vez se aclara la historia de la vida del ex-marinero. El cuento está hecho con el recurso que ciertos escritores más contemporáneos utilizan; la trastocación de las establecidas unidades formales. El final de una narrativa tradicional pasa a ser el comienzo narrativo. Esta técnica se ejemplifica en una novela psicológica como *El túnel* de Ernesto Sábato, que sigue una estructura similar a «El chino».

El cuento incursiona dentro de una historia psicoanalítica, pues el marinero deja de serlo no porque haya cometido un crimen sino porque tiene la obsesión de sus piernas presionando sobre un cuerpo como si fueran las gavias del barco.

«El chino» se inscribe también dentro de la corriente que en la literatura hispanoamericana, hacia los años veinte, va insertando las teorías psicoanalíticas freudianas.

De una manera general la cuentística de Carlos Montenegro se afirma en básicas experiencias autobiográficas. Cualquier etapa de su vida es motivo para concretar datos y sentimientos de su biografía personal. Tal es el caso de «La escopeta» que se sitúa en el período de la niñez del escritor. La historia del cuento es autobiográfica en lo referente a los caracteres paternales y en cierta forma «manifestado directamente por el autor» al suyo propio. Otro elemento autobiográfico es la inserción de un ambiente que recuerda la Galicia donde transcurrieron los primeros años de la vida de Carlos Montenegro, tanto que el pueblo donde se sitúa la acción, Puebla de Caramiñal, es su pueblo natal.

Hay que señalar también que en el cuento se hace referencia continua al ambiente portuario y a la producción pesquera, en especial la sardinera. La historia objetiva, aparentemente simple, está envuelta sin embargo en una gran complejidad y hondura psicológica. Valiéndose de un desdoblamiento estructural se interpola una subtrama de intención ética, es decir con el objeto de dar a conocer el carácter del padre del narrador-protagonista. Por la técnica de un *flash back* logra retroceder un prisionero a su niñez de siete años conviviendo con su madre, su padre y un hermano enfermo, amén de otros personajes secundarios que forman parte del servicio de una familia pudiente económicamente.

El protagonista-narrador paseándose por la playa de su aldea encuentra dos niños que quieren ahogar un gorrión y hacer una travesura. Para que desistan en sus propósitos el niño le ofrece a los dos pilluelos cambiar su escopeta por la libertad del pajarito y la cesación de sus maldades. Cuando regresa a la casa para justificar la pérdida del arma miente acusando a un empleado viejo de habérsela robado. El hombre es despedido de la casa por el iracundo padre. Cuando la conciencia del niño no puede soportar más la carga culpable confiesa a la madre su «mentira», algo tarde ya, lo que produce el clímax del cuento. La nieta del ex-empleado de la casa ha muerto por carecer su abuelo de dinero para comprarle las medicinas requeridas. También en el momento en que el niño confiesa a su madre la tragedia, muere su hermano Joaquinito sin asistencia materna.

El conflicto psicológico del niño, quien carece de nombre, se trasluce por medio de monólogos interiores que el autor presenta a través de la historia y en los que se observa una conciencia conflictiva. Se trata de instintos primitivos de autodefensa: el «id» freudiano que tortura y establece la lucha con el «ego» que comienza a formarse en el niño, y con el «superego». La duración dramática se afirma en seis noches. En definitiva, el cuento es la historia de dolor de una niñez privada de cariño rodeada de ausencia de afectos y fundamentalmente presionada por un despotismo paternal.

El amor del niño por su madre y los celos que le provoca la atención que ésta prodiga a su hermano enfermo, caen también dentro de las teorías psicoanalíticas de que hablábamos en «El chino», siguiendo Montenegro la línea de lo psicológico y lo costumbrista. Esta última dirección podría haberse eliminado y el cuento no hubiera sufrido divagaciones superfluas. Más aún, el costumbrismo aparece dentro de una estructura de interpolación demasiado alargada si es que la intención de la compra de pescados en tiempo de veda por el padre del protagonista solamente tiene el propósito de marcar el autoritarismo de éste.

Simbología lograda es la correlación que se extrae del cuento entre el gorrión y la niña. Por salvar el gorrión muere la niña. La paradoja implica una fatalidad, algo como si el destino con leyes inexorables lleve implícito la negación de la felicidad. Este tema de una destinación azarosa aflora continuamente en el mundo cultural de Montenegro.

«El cordero», el quinto cuento de la colección, persigue también el tema de la niñez y condensa particularidades autobiográficas del escritor, en especial porque la narración tiene por escenario Puebla de Caramiñal y porque la motivación cuenta de un niño poseedor de un cordero y a quien un día matan como represalia por una travesura infantil. Este hecho me fue confesado por Montenegro.

Mucho del realismo costumbrista tiene «El cordero», fundamentalmente la pintura a través de descripción, diálogos y reflexiones del oscurantismo religioso de las aldeas españolas dominadas por sacerdotes sensuales y simuladores, como se observa también en «La escopeta». Dentro de un sistema cronológico y de un ambiente abierto, el cuento se basa en tres grandes monólogos descriptivos unidos por un igual número de diálogos y que guardan relación con la estructura tradicional: introducción, conflicto y solución.

En el primer monólogo el narrador adulto presenta al niño de nombre Gabrielito en el ambiente en que la historia va a desarrollarse e introduce a los personajes: el cura don Antón; a la tía Pepiña, a quien detestaba Gabrielito; al maestro, un aldeano rudo; y se menciona de paso a la madre muerta del niño y a dos hermanas ausentes porque estudiaban fuera de la localidad. Este monólogo se interrumpe por un diálogo entre las criadas donde contrastan las virtudes de doña Isabel con la beatitud despótica de la tía Pepiña. Un segundo monólogo introduce el cordero que da nombre al cuento, regalo del padre a Gabrielito como premio por las buenas notas obtenidas en la escuela. Recuerda el narrador cómo gozó las vacaciones en compañía del animalito. Otro diálogo interrumpe la narración. La tía Pepiña y Gabrielito hablan, y el narrador descubre otra faceta desagradable de la pariente: su lascivia. El último y tercer monólogo cuenta cuando Gabrielito se escapa del colegio y va a jugar con el cordero, acto que provoca la ira del maestro y la tía. Esta última va en busca del niño acompañada del sacristán del pueblo y al encontrar al sobrino hace que el sacristán cargue con el animal camino a la carnicería del pueblo. El tercer y último diálogo corta el monólogo. Gabrielito pregunta a la tía si van a hacerle daño a su corderito. Doña Pepiña mintiendo al protagonista entrega el cordero al carnicero quien de inmediato, y a vista de todos, sacrifica al animal. La tía Pepiña exclama: «...que se lo preparen como le gusta al señor cura...» mientras Gabrielito con siete años de edad desfallecía.

Si el tiempo externo sigue la convencionalidad cronológica, el interior lo contrapone, pues el presente narrativo es anterior al pasado del narrador. Esto permite la intención última del cordero símbolo de la pérdida de la inocencia del ahora narrador-personaje y adulto.

En la *Revista de Avance*,[15] el 15 de abril de 1928, aparece un cuento de Carlos Montenegro titulado «El hijo del mar», el cual dedica a Juan Marinello uno de los más prominentes miembros del «grupo minorista» de la *Revista de Avance*. El relato coleccionado en *El renuevo y otros cuentos,* es breve, tan sólo consta de seis páginas carentes de diálogo y con un narrador en tercera persona que cuenta anécdotas de la vida de un muchacho de siete años y la fantasía que le inventó sobre su origen el tío: era blanco y rubio porque había sido pescado en el limpio mar por medio de una red. De nuevo insiste Montenegro en el ambiente marítimo y en su pueblo natal en Galicia. En el relato se hace un paralelismo entre el puerto de La Habana y el de Puebla de Caramiñal. Aplicando la técnica que llamó Ruskin «patética falacia» el narrador hace operar al mar y a la tierra con atributos humanos. Así, bajo este concepto antropomórfico, el mar es símbolo de vida y muerte y además usado ambivalentemente puesto que el mar bravío y limpio de la Costa Cantábrica podía engendrar seres humanos puros, rubios; mientras que el mar sucio, obscuro, prostituído «...del puerto habanero habían salido probablemente los negritos inquietos como diablejos que en él se bañaban...»[16]

El niño-protagonista cree en la fantasía de que su tío Antonio murió combatiendo contra la tierra, tratando de arrancar los tesoros de una mina para comprar un submarino e irse a «visitar los grandes imperios ocultos bajo las aguas...»[17] Aquí se puede asociar esta ambivalencia con la del dualismo chino del «yin-yang» donde todas las cosas existentes llevan implícitas lo bueno y lo malo; la felicidad y la desgracia; la creación y la destrucción; la vida y la muerte.

El niño que no tiene nombre, como muchos de los niños protagonistas de Montenegro, decide ir a buscar a su tío que se supone habita en las profundidades marítimas en una especie de paraíso. Se arroja al mar y por supuesto encuentra la muerte.

La ambivalencia se transforma también en paradoja: todo intento de hallar la felicidad acarrea la destrucción. El tema del «Hijo del mar» se asocia al tema de «La escopeta» yendo un poco más allá el mar como alegoría de la vida y la muerte, puede implicar también cierta referencia psicoanalítica de la presencia del subconsciente.

A Montenegro le atrae conocer los Estados Unidos y en uno de los tantos viajes que hace al puerto de Nueva York se decide a conseguir trabajo a través de una agencia de empleos. Ésta le posibilita colocarse en un campamento del Gobierno donde se guardaban botes que se usaban más tarde para construir puentes flotantes de emergencia. Es el año de 1918, casi en tiempo del Armisticio de la Guerra de 1914, Montenegro, quizás por el rigor de las labores que debía desarrollar; quizás por las inclemencias del invierno en un descampado medio; o puede ser también que por la carencia de documentos oficiales para trabajar con el Gobierno, lo abandona y sale con rumbo a Syracuse donde trabajó y de donde marchó más tarde a pie hasta Albany.

Después de otra temporada en la capital del Estado, está como minero en Port Henry cerca del Lago Champlain. Montenegro justifica la necesidad de experimentar, de vivir en las entrañas mismas de la tierra como una compensación del paisaje abierto y libre del mar. La convivencia con los obreros mineros inspira su cuento «Las tres concesiones».

Si se asocian los momentos históricos de la guerra con este ambiente proletario, se da la clave del cuento que consiste en un paralelismo entre las vidas de los soldados con la vida de los obreros. Si la historia de un militar se sintetiza en ser víctima, embriagarse, tener aventuras y recibir condecoraciones, igual pasa con el obrero.

A través de un personaje masa, un narrador describe la situación de sufrimiento de los obreros mineros. Éstos reclaman mejores condiciones de vida y entonces la patronal da licencia para beber. Después de un período de calma, los mismos obreros reclaman otras mejoras concediéndoseles en compensación la posibilidad de juego que antes era condenado como ilícito. Otro período de calma se sucede para finalmente exigir más reivindicaciones que les son otorgadas por la compañía al precio de condecoraciones como mérito al trabajo realizado.

Todo el sistema actúa por medio de intermediarios sindicales que inescrupulosamente traicionan a la masa. Con este cuento, que más parece un ensayo, Montenegro se inicia en la narración de protesta social, tema que por supuesto era muy grato a los intelectuales integrantes del «grupo minorista» y que con los años afianzarían la inscripción y la militancia de Montenegro en el Partido Comunista cubano.

Desde otro punto de vista «las tres concesiones» refiere también en forma inversa la temática del cuento anterior «El hijo del mar», inversas pero similares en su intención, ya que en este último el personaje va de la tierra a las profundidades del mar y en éste el personaje viaja del mar a las entrañas de la tierra. Idénticas en su intención porque en ambos se implica inmersión hacia un orden profundo y misterioso. Una predilección, quizás intuición, en busca de la verdad.

El hecho traumatizante y a la vez cruel del homicidio cometido por Carlos Montenegro en una calle habanera en 1918 sustenta toda la trama de «El enigma»; pero hay que estar de acuerdo en que lo autobiográfico se manifiesta a través de las emociones, sensaciones y reflexiones que de la historia pulcra del hecho mismo. Se podría afirmar que el crimen cometido se sigue cometiendo en la mente del protagonista más que en la realidad objetiva. Distinguiendo niveles que no vienen al caso analizar, «El enigma» guarda estrecha relación con Meursault, el protagonista de *El extranjero* de Albert Camus,[18] publicado en 1942. En ambos el brillo de un relámpago enceguecedor oculta el misterioso ímpetu de una acción incontrolada. La voluntad desaparece y la realidad se resuelve por medio de una fuerza de origen desconocido.

«El enigma» se fija obsesivamente a través de ese instante efímero que separa la vida de la muerte. De ese segundo en que el destino ha elegido quien es la víctima y quien el victimario; en que el azar podía haber invertido los papeles con la misma naturalidad que decidió el homicida y el sacrificado.

«El enigma» —este enigma— es uno de los cuentos mejor logrados de Carlos Montenegro y sin lugar a dudas una narración de antología.

El narrador en tercera persona y dentro de un tiempo cronológico ascendente, en el pasado, condensa dramáticamente la acción en sólo cuatro páginas, que son suma de monólogos interiores y reflexiones metafísicas de un criminal involuntario. El cuento de sólo cuatro páginas conlleva como *leit motif* una imagen recurrente en la mente del protagonista: la escena en que aparece la víctima con «la cabeza descolgada hacia atrás como la tapa de un baúl que se nos va de la mano...» [19]

La expresión, el lenguaje con abundancia de imágenes, comparaciones y metáforas, colabora al clima angustioso de la narración y a lo escalofriante del hecho. Después de cometer el crimen el protagonista como el Judas bíblico, atormentado por el remordimiento, huye físicamente, y mientras más huye, más prisionero va siendo en la red del subconsciente. Piensa en un instante entregarse a la justicia y en el instante en que lo condenen lanzaría su enigma «Atended —les diría—, observad bien, pues es un simple relámpago...» [20] Pero la visión al plano consciente, a la representación de los ejecutados por las autoridades le hace desistir, especialmente cuando tiene la visión horrenda de la hopa que cubriría su cabeza. Esa tela que en cierta manera simboliza como el destello del filo de una navaja. Entonces huye y a partir de este momento, la huída sintetiza la forma de la vida del criminal que nunca descifrará el enigma de su destino.

Si en las narraciones de Montenegro se siente cierta autenticidad es porque tienen un fundamento vivencial. Esto no quiere decir que toda literatura necesariamente debe medir su valor en los datos autobiográficos del autor. Pero, sin embargo, la vivencia que persiste más allá de los hechos biográficos, indudablemente otorga un valor incuestionable que se transmite y se siente en la naturalidad y la sinceridad. Tal es el caso de «El enigma» de Montenegro que escrito como una catarsis responde a un hecho de la historia personal definitiva y obsesionante.

Dentro de la jerga policíaca se llamaban «resbalosos» a ciertos hombres que para cometer hechos delictuosos se desnudaban untándose todo el cuerpo de una sustancia grasosa que evitara ser cogidos por otros si eran sorprendidos en plena faena facilitando así su fuga. Este comentario sirve de plataforma para construirse «El resbaloso».

En un ambiente rural-erótico se desenvuelve el asunto.

En una tienda de víveres, don Elías, el dueño, conversa con otros parroquianos sobre las últimas violaciones de mujeres de la zona. Un narrador en tercera persona da los detalles que son interrumpidos de vez en cuando por diálogos de los asistentes. Comienza en sí la narración cuando el negro protagonista moviéndose como un reptil en la maleza, está presto a brincar una cerca para entrar en una casa con el objeto de violar su sexta víctima, Hortensia. Mientras acecha escondido y aplicando la técnica del «flash back», se resumen los hechos de las cinco violaciones anteriores. Los personajes usan un lenguaje regional muy propio de su condición social. Hortensia conversando con un viajante y el bodeguero Elías, a una insinuación de éste de que esa noche le tocaba a ella ser la violada, responde tajante:

—¡A mí! A tu madre, cabrón; dile que pruebe; ¡dígale que pruebe! ¡Canalla! [21]

Estos *flash backs*, como se observa, operan también en la construcción de ambientes costumbristas y en ciertos cuadros de un folklore humorístico que llenan de colorido a la narración. Se busca retratar tipos de personajes comunes de la vida diaria de los pequeños pueblos del interior: la mulata dulzona, risueña y mal hablada que hace las compras diarias en la tienda de víveres cuyo propietario es el «gallego» clásico.

El clímax de «El resbaloso» se da al final de la narración cuando el negro asalta en el cuarto a Hortensia para conseguir su propósito sexual. A través de un diálogo se resuelve la estructura cuando el negro con furia sexual se lanza sobre la que supone sea la víctima y ésta exclama:

—¡Qué bruto!... ¡Ay, ay!... Si te esperaba, ¡Animal! cógeme, pero no seas bruto, no hagas ruido...
A lo que respondió el resbaloso:
—¡Cómo! ¡Puta! ¡Reputa!
Y cabizbajo, ridículo, decepcionado, salió de la habitación...[22]

La intención humorística salta a la vista a manera del clásico burlador burlado. Al margen de lo exclusivamente literario, el carácter del negro violador condensa la psicología de una desviación sexual estudiada por especialistas en conclusiones que afirman que, como todo ser reprimido, busca en ese acto una válvula de escape a su contención. De aquí el abandono de la presa por el violador del cuento cuando al eliminarse el factor sorpresa, que exacerba el trauma sexual del resbaloso en la víctima, el acto sexual en sí carece de valor:

> This antisocial psychopath is a cold, seemingly unfeeling man who has always taken what he wanted from others without apparent concern for the feelings of his victims or for the consequences of his act... and often goes on to rationalize that the victim probably enjoyed it.[23]

En otro aspecto Montenegro trata de reflejar también una situación social puesto que en Cuba el negro esclavo era un ser ampliamente inhibido y ya se ha dicho que el violador es usualmente un ser limitado por la familia o por la sociedad que trata de encontrar una salida a su restricción.

Además se denuncia al sistema judicial en cierto momento cuando refiriéndose a las fechorías del resbaloso dice un personaje: «...no están muy interesados en cogerle, pues como le ha dado sólo en burlar maridos, y *maridos de color* (subrayado mío), el lance ha causado más gracia que indignación...»[24]

Por las siete páginas que forman «El resbaloso» se maneja un lenguaje de terminología sexual, palabras y giros tabú como forma de retrato de tipos humanos populares y circunscritos a un determinado ambiente. «El resbaloso» tiene importancia dentro de este aspecto porque se manifiesta como antecedente primero de lo que posteriormente será el ambiente, constituirá cierto clima, de *Hombres sin mujer*, la novela de Montenegro aparecida casi diez años después.

Montenegro me señaló que este cuento iba a ser publicado por la *Revista de Avance*, pero la terminología soez impidió su publicación. También afirma el autor que el cuento se publicó piratamente en *El Fígaro* de París. Este dato no lo he podido corroborar.

Con «El pomo de caramelos», la décima narración de *El renuevo y otros cuentos*, Montenegro regresa al tema de la niñez y el ambiente refiere las penurias económicas por las que atravesó la familia en los años 1913-1914 en Cuba.

El conflicto principal es la lucha entre la necesidad física, el hambre; y el dolor espiritual que produce una muerte.

El cuento se inicia cuando un carpintero confecciona un ataúd que regala a un viudo sin recursos económicos, para que no entierre a su mujer en una caja de «la lechuza», así llamado al entierro que proveía el gobierno para los muertos en indigencia.

El carpintero portando el ataúd introduce al lector en la vivienda del «solar» o «conventillo». La muerte preside la escena. El padre y los cinco hijos en medio del dolor y la perplejidad actúan sin coordinación. La hija mayor apenas adolescente intenta amortajar a la madre. El carpintero musita vanas y triviales palabras tratando de consolar a los dolientes. El objeto concreto: el obsequio del ataúd suple todas las palabras, pero tras el sentimiento de dolor la tremenda sensación del hambre de los niños se transparenta, tanto que uno de los pequeños insta a la hermana a mendigar algún dinero del carpintero para conseguir alimento. La hermana duda entre la honda pena y el respeto debido a la muerte, y el deseo biológico de aplacar el hambre. Pedir dinero en un trance así es algo comparable a un sacrilegio. El padre afín a ese sentimiento de dignidad trata de distraer la atención del carpintero, pero éste percatado de la situación deja una moneda en mano de uno de los pequeños y que el mayor se apresura a arrebatarle. La hermana aconseja comprar pan viejo para así obtener más cantidad. El niño ya en la tienda de comestibles fija su atención en un pomo de caramelos. A partir de este instante este frasco de dulces desplaza y reemplaza el valor que venía teniendo el ataúd y pasa a convertirse en una obsesión en el niño. En un descuido del dependiente éste se roba el frasco ocultándolo entre sus ropas. El narrador en tercera persona, siempre omnisciente, congela la acción para interpolar divagaciones sobre la extraña sensación que produce la posesión de cualquier objeto robado, tanto que éste se convierte en algo más propio y personal, de mucho más significado que lo que puede adquirirse por medios legítimos.

El niño lleva el pan a la casa pero la repartición demora ante la definitiva despedida del cadáver de la madre. La bolsa de pan depositada sobre la cama atrae el foco de atención en el cuento que impide a los pequeños la concentración en su pena. El niño que aún llevaba oculto el pomo de caramelos se decide a abrirlo aprovechando el ensimismamiento de los condolientes y logra llevarse uno a la boca. Irrumpen los hombres uniformados que vienen a llevarse el cadáver, y la escena de despedida es tan lenta, casi insoportable para los pequeños, distorsionados por el hambre. Al niño mayor se le escapa el caramelo que conservaba en la boca al dar el beso de despedida a la madre y cae en la caja. Le parece entonces que el cadáver le sonríe cómplice, pero cuando observa que clavan definitivamente el ataúd todo su dolor se concentra en la pérdida de ese caramelo.

El relato de una tensión admirable que recuerda «El hijo» y «El desierto» de Horacio Quiroga [25] pone en pugna dos sensaciones reales y tremendas: por un lado el dolor moral ante la pérdia irreparable de un ser querido y por otro la sensación física y avasalladora del hambre.

La economía del cuento se logra en parte por la sugestión de los símbolos: el ataúd sobre dos sillas; el pan sobre la cama, como dicotomía de vida y muerte y se agudiza con el símbolo principal: el pomo de caramelos, signo de libertad y rebeldía, así como de astucia.

Es indudable que lo que se decía sobre «El chino» en cuanto ha sido un cuento escrito por encargo, se puede aplicar ahora a «El porteño». Es un cuento ligero, bastante melodramático, donde se rinde culto a la amistad. Dos amigos, uno cubano, Arturo; y otro mexicano, Gabriel, tratan de sobrevivir en un país extraño, los Estados Unidos de

Norteamérica, en un crudo invierno. Para ello tratan de engañar a un argentino dueño de una fonda con el objeto de conseguirse comida.

Comienza la narración cuando los dos jóvenes Arturo y Gabriel se encuentran en la fonda del argentino que les paga un trabajo con cuarenta centavos. Ellos deciden jugárselo a una carta en un juego de barajas con el argentino y pierden el único dinero que tenían para comer. Por la técnica del «flash back» Arturo hace un recuento de la vida de ambos. Desde que abandonaron Nueva York y Syracuce, no habían podido encontrar socorro de manos caritativas usuales ya que la epidemia que azotaba por aquel entonces a los Estados Unidos la suponían de origen español. La repulsa de todos cuando los oían hablar español, había hermanado a los dos muchachos que ahora se encontraban en Albany. Arturo aconsejó a Gabriel que se pasara por argentino para granjearse la buena voluntad del sudamericano. De nuevo Montenegro sobrepone los valores biológicos, físicos, a los espirituales. El cubano descubierto en su falso plan pensando en el frío de afuera y el olor a comida que expedía el lugar exclamó:

—Sí... don... Argentino; me engañó también a mí; me dijo que era paisano suyo, del propio Buenos Aires. ¿Cómo quería usted que abandonase a un porteño?

Y Gabriel, con aquellos ojos grandísimos, ojos de miope, siempre húmedos, lo había mirado con una sorpresa dolorosa y, como doblado por una pulmonía, echando a andar a grandes zancadas hacia la puerta...

—Lo engañé, señor; lo engañé... Él no sabía nada.[26]

Concluye el relato a la mañana siguiente cuando Arturo va a salir a buscar a Gabriel y al abrir la puerta se lo encontró muerto de frío «como si hubiese querido morir mirando la llama del hogar que calentaba a su único amigo».

La narración está en tercera persona matizada de diálogos y descripciones. Podemos colegir que la acción cronológica transcurre en 1917-1918, por la referencia a la epidemia de influenza. Este cuento se enlaza con la línea de «El pomo de caramelos» donde las necesidades empujan al individuo a ir contra su conciencia.

Con «El prófugo», «El tocayo», «Pavor», «El porteño» y «El timbalero», se completaría el quinteto de los cuentos no logrados a cabalidad que se incluyen en *El renuevo y otros cuentos*. Esta apreciación la ratifica el propio Montenegro, quien me comunicó que de hacerse una nueva edición de su colección estas narraciones serían suprimidas. En España se planeaba sacar una nueva compilación de los cuentos de Montenegro —proyecto que por diversas razones no llegó a cristalizar— en la cual por orden del autor se habían eliminado los cinco relatos mencionados.

En «El prófugo» un narador en tercera persona cuenta la historia de un escapado de la justicia y las relaciones amorosas que sostiene con la hija del dueño de una estancia en donde trabaja de peón. Julia, la hija del dueño de la hacienda, Don Fausto, es enviada a casa de unos familiares para evitar su asociación con un individuo de inferior categoría social a la de ella. Más adelante en un registro que don Fausto hace a la habitación del empleado prófugo descubre un sobre con la dirección de la prisión: Castillo del Príncipe, Cuba; y por una dual interpretación de la carta que contiene, presume que Arturo Vera, el peón, es un noble. Inmediatamente cambia su actitud con el empleado Arturo, y decide regresar a su hija a la hacienda para que pueda reanudar el romance con el peón; este último ante la súbita amabilidad del patrón cree haber sido descubierto por el dueño de la hacienda, que quiere retenerlo hasta la llegada de las autoridades, y huye del lugar.

Al parecer, Montenegro intentó denunciar los prejuicios sociales entre clases. Este cuento, que se desarrolla físicamente en la Argentina, vendría a comprobar el hecho de cierto exotismo que se suele captar a veces en algunas narraciones de Montenegro cuando maneja situaciones o elige ambientes que no ha experimentado realmente o que sólo ha convivido con ello y en ellos muy circunstancialmente.

Otro cuento que sigue la categoría de los cinco anteriores es «El tocayo». El vocablo «tocayo»[27] está tomado como referencia a un significado del hampa equivalente a un delincuente novato, y no al concepto de una persona que tiene el mismo nombre que otra. Esta explicación es necesaria para entender el cuento homónimo «El tocayo» que transcurre en el mundo de los salteadores de campo, donde se narra la historia de dos ladrones que roban a un colono ochenta pesos y que ya en la repartición «el tocayo» mata al otro personaje Juan para quedarse con el dinero.

El tema es el egoísmo y la falta de escrúpulos imperante en ciertos grupos sociales donde la supervivencia a toda costa es la ley imperante. En esto guarda cierta semejanza con «El pomo de caramelos» y «El porteño».

Con «Pavor», Montenegro retorna al ambiente neoyorquino, esta vez no portuario sino en plena Avenida Octava de la ciudad. Un incidente personal induce a la ficción: «En una etapa de mi vida llego a Nueva York y un amigo me cede su habitación que estaba ubicada en una barriada donde todos los edificios son iguales. La habitación le costaba dos dólares cincuenta centavos a la semana en esta residencia de hospedaje. En aquella época la luz del edificio era de gas, no había electricidad en los pasillos y habitaciones a pesar de que ya la había en las calles de Nueva York. Mi abstracción de siempre me hace equivocarme de piso al subir la escalera y entro en un apartamento idéntico al mío. Voy al cuarto, como no tenía fósforos no podía iluminar la estancia, y al tocar el reloj despertador lumínico posado en la mesa de noche me doy cuenta de que no era el mío; inmediatamente un olor a aristol me sacó de dudas, había entrado en la habitación de una leprosa...»[28]

Efectivamente, la literatura sigue casi fielmente los pasos de la realidad contada en la anterior anécdota. «El pavor» vivido define también su impacto imaginativo, solamente que ahora el narrador en tercera persona suple la experiencia personal.

La acción transcurre en un edificio de apartamentos de la ciudad de Nueva York con una escena repulsiva en un cuarto con una enferma de lepra. Todo el cuento está construído con párrafos descriptivos, narrativos y monólogos del protagonista. Solamente hay tres líneas de diálogo en todo el cuento. El clímax del relato lo forma la parte en que sin luz entra el protagonista en el cuarto que cree suyo y toca el reloj que lo confunde al tener forma diferente al que posee. El desenlace y final de la narración lo forma la parte en que huele polvos de aristol que usan los leprosos y su mano choca con la falange huesuda de la enferma.

La segunda sección de *El renuevo y otros cuentos* comprende las narraciones basadas en la estancia de Montenegro en las cárceles del Castillo del Príncipe en la República de Cuba; y de Tampico, República de México. El microcosmo penal que sirve de escenario a los relatos y aunque muchos de ellos parezcan inventados, poblados de entes de ficción y de hechos fantásticos, son reales. En su mayor parte los sucesos y los personajes aparecen escasamente distorsionados y se originan en hechos objetivos y en agentes de carne y hueso que en un período determinado de la vida del autor convivieron con el propio Montenegro.

Con «El mudo» se inicia la segunda parte: «Cuentos de presidiarios».

Montenegro dice: «El mudo» fue mi segundo cuento. Yo escribo primeramente «El resbaloso» por casualidad, entonces el «grupo minorista» del que formaba parte J. Z. Tallet me pidió que escribiera otro cuento con el objeto de llegar a hacer un libro que me consagrara como escritor para entonces pedir mi indulto. Ya yo había fracasado como poeta, por eso mi respuesta al grupo minorista resumido en la figura de Tallet al comienzo del relato: «Maestro me pide usted otro cuento...»[29]

La estructura básica de esta narración son dos epístolas autobiográficas; la primera oficia como introducción a la segunda que es el cuento mismo, aunque ambas están relacionadas por el narrador quien indudablemente refleja al propio Montenegro, aunque firma las cartas con el nombre de Jorge.

El asunto principal de la primera epístola cuenta la frustración de un poeta —Montenegro—; sus angustias de escritor novel; sus ansias de libertad y la elaboración de su primer cuento.

La segunda carta da origen al título del cuento y contiene la narración en sí. Comienza el relato con la sugerencia de un compañero que conociendo de su apremio literario le insta a que tome el tema de un mudo que solitariamente se sentaba en el jardín. Existe la posibilidad de que el mudo no sea un personaje real sino una proyección de la culpa del protagonista por el crimen que lo retiene en la prisión, ya que el narrador que lleva tiempo encarcelado nunca le había visto anteriormente. Al encontrarse el mudo y el protagonista este último comenta: «Una mirada, maestro que no hay derecho a tener, porque equivale a no existir...»[30] La narración pasa de aquí a un largo párrafo introspectivo donde el protagonista asegura no conocerse a sí mismo confesando el temor que tiene de que los muertos puedan ver lo que pasa en su alma. Trae a colación el cuento «Solo» de Guy de Maupassant, en el que el personaje que sufre por la incomprensión de los otros al menos sabe quien es. Alude al cristianismo en la carta diciendo que Dios mezcla conciencia y bondad con la araña del delito en las criaturas humanas. Termina la introspección e interrumpe la carta a su amigo para observar al mudo. En este momento cambia el tono del cuento, la acción la determina un empleado que mata a un recluso. El narrador queda interpuesto entre el escolta y el moribundo, circunstancia que hace aflorar ribetes surrealistas cuando el herido con los dedos metidos en los agujeros del vientre muere. Al quitar el protagonista-narrador la mirada del muerto ve al Mudo que parecía «tan igual muerto que involuntariamente le miré al vientre para ver si lo tenía atravesado».[31] Fijando la idea de nuevo de que el Mudo es un desdoblamiento de su persona. La sacudida que recibió el mudo le rompió el botón de la camisa dejando al descubierto una garganta cercenada. Aquí la culpa cristaliza en el personaje del mudo fragmentándose la personalidad del narrador.

Este cuento se asocia con «El enigma» que relata la historia del crimen que el autor cometió en 1918, y cuya obsesión no le permite la tranquilidad que solamente el olvido le traería, por lo que comenta al destinatario de la carta:

> Lo que resulta es que el Mudo, no sé por qué está también en Presidio y no habla con nadie ¡mira que! ¿con quién va a hablar? Él no es bobo, perfectamente sabe que todos los internos se iban a poner a estudiarlo, a echarle formol hasta matarlo y a

hacerle la autopsia para ver cómo había podido vivir después de asesinado... ¿No está claro?...[32]

Alude de nuevo a los términos de la psiquiatría y freudianos, esta vez con un caso de complejo de culpa y desdoblamiento de la personalidad o esquizofrenia.

Concluye la carta y el cuento con una apelación al Maestro, de que venga pronto para que le revisen su causa y pueda salir en libertad porque él no es mudo ni está muerto como el Mudo. La última línea es un contrasentido a toda la epístola: «Estoy contentísimo».[33]

Ya en relatos de la primera parte del libro *El renuevo y otros cuentos* el autor ha hecho sus incursiones dentro del campo psicológico, como hemos apuntado oportunamente. La segunda carta que da título al cuento «El mudo» fija definitivamente esta tendencia del autor.

«El timbalero» es una historia breve, real, de la fuga de dos prisioneros: uno un español «gallego», de nombre Muiños; y el otro el negro cubano Baró. De éste existía la leyenda de haber sido un gran timbalero, dotes que jamás quiso mostrar a sus demás compañeros de cautiverio con la excepción de un solo día. Una mañana se corre el rumor que Baró se había decidido a tocar el instrumento musical y por tal razón se hace una reunión. La descripción de la tertulia; el ritmo y los cadenciosos movimientos de origen africano del músico, contrastan con la seriedad del «gallego» Muiños. El éxtasis de los concurrentes constituye en sí el núcleo del cuento que más parece una estampa carcelaria. Después de este clímax de jolgorio narrado en tercera persona, corta, cercena, de una manera definitiva la acción y explica el narrador en dos líneas que el negro acompañado de Muiños había desaparecido de la cárcel.

Indudablemente «El timbalero» posee toda la técnica de un cuento de impacto en cuanto la ocurrencia del narrador descarta toda reflexión o interpolación descriptiva que en cierta manera posibilite al lector alguna clave de un final cortante, abrupto. Pero al margen de este procedimiento salta a la vista que el negro y el gallego Muiños estaban haciendo su gran despedida a manera de esos solemnes festines de los caballeros antiguos, antes de partir a la gran batalla. También se viene a la imaginación la leyenda del canto del cisne, que lanza su última tonada en el instante de la muerte, sólo que en la narración de Montenegro la entrega del alma musical por primera y única vez en la prisión era un gesto hacia la libertad.

Carlos Montenegro considera «El beso» como una de sus narraciones más delicadas y más sentimentales. Esto es indudable pues el cuento rompe en parte con la brutalidad ambiental o las reacciones violentas de los personajes de sus demás cuentos. Quizás porque la protagonista del mismo sea una niña, como lo es también en este sentido lírico «El pomo de caramelos», cuyo protagonista es un niño. Tal vez también por cierta compensación psicológica que es evidente en la narrativa de Montenegro. Me refiero a una ausencia de cariño, de necesidad, de un vínculo afectivo determinante

> Este cuento está basado totalmente en un hecho cierto, lo único que hice fue contarlo. Entonces yo trabajaba en la Pagaduría del penal, y desde mi mesa podía observar a través de una puerta abierta, el salón de visitas de los presos. Como usted sabe los únicos presos que podían tener el cabello crecido eran precisamente los enfermos y los que trabajaban en las oficinas porque estaban a la vista del público, con la condición siempre de que lo llevaran bien peinado. Mi situación de observador desde mi mesa de trabajo; esta situación capilar; y el conocimiento real de los personajes, me hizo crear el cuento.[34]

Nuevamente un narrador en tercera persona sitúa la acción alrededor de un preso tuberculoso de nombre Luis que recibe visitas periódicas de una hermanita y la abuela. La niña mostraba su ternura hacia su hermano tísico peinándolo, es decir: entreteniéndose con la cabellera copiosa del hermano. Dentro de su inocencia la niña pretendía manifestar también su cariño en querer besar al tísico en los labios, actitud que por supuesto el enfermo rechazaba. Luis, sorprendido cierto día despeinado por no haber tenido tiempo su hermanita de ordenarle el cabello, placer infantil que también hacía la niña durante la estancia en el penal, es rapado. En la siguiente visita el protagonista Luis, desplomado por este acto que implicaba vergüenza, es sorprendido por la criatura quien logra su propósito de besarlo en la boca, con sorpresa del enfermo pero no para el narrador testigo, el propio Montenegro, quien intenta fundamentar en la acción de este beso un acto compensatorio de ternura humana.

Si se lee detenidamente *El renuevo y otros cuentos*, y en el caso específico de esta sección de «Cuentos de presidiarios», se observa un anacronismo en la ordenación de los mismos. Después de «El beso» sigue «La sortija» y posteriormente «El rayo de sol». El primero corresponde a un ambiente en el presidio de La Habana y el tercero también en el mismo ambiente; es decir que el segundo «La sortija» que transcurre geográficamente en un presidio mexicano tendría que estar después de «El rayo de sol» y como el primero de la serie que tiene lugar en la ciudad de Tampico, República de México. Comentando con Carlos Montenegro sobre esta distorsión, el mismo me aclaró que efectivamente por un error editorialista había resultado esta confusión anacrónica, puesto que él, su autor, solamente había entregado los cuentos y que otra persona había sido el ordenador.

Apoyado en las reflexiones anteriores y en la aclaración de Montenegro, analizo primero «El rayo de sol» y posteriormente «La sortija».

Tres son los personajes de este cuento: un narrador-protagonista: Pascasio, el más feroz de los presidiarios; y otro recluso que sufre una grave tuberculosis y de nombre Matías.

La historia se circunscribe alrededor de un rayo de sol que se filtra a través de una ventana en el ambiente lúgubre y húmedo de la cárcel. El negro Pascasio se siente propietario de este rayo luminoso, cálido, no permitiendo que nadie lo aprovechara más que él. El narrador protagonista intercede, a petición del tísico, ante el negro recluso para que le ceda al enfermo el rayo caliente de luz, el único rayo de luz que entra a la cárcel y el cual podría prolongar la vida del moribundo tísico. Pascasio se niega invocando que lo que en definitiva perseguía el intermediario era aparecer ante los ojos de los demás como un benefactor humano, pero que en el fondo solamente le animaba un sentimiento compensatorio: hacer el bien para sentirse bien. A partir de este instante la acción se congela y da lugar a una larga tirada de reflexiones sobre el egoísmo, la crueldad, la bondad, la generosidad; en fin, sobre la máscara con que se suele vestir el hombre para esconder su verdadera condición:

> ...—Nacemos malos del mismo modo que nacemos en cueros irremisiblemente; y casi con los pañales comenzamos a ensayar la careta. Así como dejamos las ropas a los pies de la tarima al acostarnos, dejamos la careta fuera cuando interiormente nos miramos, y conste que no echo en el olvido que por lo regular dormimos con ropa interior cuando no vestidos por completo.—...[35]

Después de fallecido el enfermo y en un momento preciso el narrador-protagonista sorprende a Pascasio que comparte su precaria ración alimenticia diaria con un gatito. Ante este hecho consumado el presidiario cruel y egoísta que en el fondo era un hombre tierno, reacciona violentamente estrellando al animal contra la pared produciéndole la muerte. El narrador comenta entonces:

> Su rostro era cruel y no obstante en las pupilas llenas de sombra, como en la galera abovedada, había algo límpido, sereno, como un rayo de sol.[36]

«El rayo de sol» es importante por algunas intenciones, a pesar de que la crítica más severa que se le podría hacer es la de cierto «intelectualismo» por parte de un personaje primitivo, como Pascasio. Lo que hace Montenegro en el cuento es una trastocación de la realidad de la naturaleza exterior con la realidad interior del hombre; el sol implica la iluminación del mundo, la claridad y es fuente de vida. Todo hombre a manera de ese rayo solar lleva implícita en su alma la bondad. Pero la mayoría de las veces trata a toda costa de disimularla.

Dos muertes: la del tísico y la del gato. También dos niveles: hombre-animal; pero en definitiva dos muertes precipitadas por la misma máscara de cinismo e hipocresía cuando el hombre esconde, enmascara, sus verdaderos sentimientos.

Fuera del cuento mismo, otra importancia de «El rayo de sol» consistiría en ser el antecedente más claro de la novela de Montenegro *Hombres sin mujer,* puesto que ambos: cuento y novela, giran alrededor de un personaje y con casi idénticas confusiones emocionales y sentimentales, aunque determinadas en hechos distintos.

Después de su estancia en los Estados Unidos, Montenegro se enrola en el barco de carga «Monterrey» que navegaba por las costas norteamericanas y del Golfo de México. Un incidente por venta fraudulenta de armas es el motivo por el cual Carlos Montenegro va a parar a la cárcel del Puerto de Tampico, en el Estado de Taumalipas, México.

De la vida en la cárcel Montenegro dice que «era algo especial». Los presos andaban libremente de un lado para otro sin limitaciones. Lo único prohibido era saltar un muro que daba a la calle y que significaba la libertad. Para evitar ello, soldados armados con rifles montaban guardia permanente en él. En ese ambiente la alimentación precaria de los encarcelados consistía muchas veces en quesos malos y cantidad de melocotones que baratamente adquiría el penal. Los prisioneros que sabían tallar tenían privilegios especiales vendiendo sus obras:

> De la semilla del melocotón se puede hacer fácilmente un monito. Con rudimentarias herramientas hechas de lata nosotros hacíamos los simios que el jefe del penal nos cambiaba por cigarros de marihuana. Eran los últimos tiempos de la Revolución Mexicana y en toda la región comandaban las huestes de Pancho Villa.[37]

«La sortija», la primera narración del grupo que se escribe durante la prisión de este escritor en México, narra una acción y una experiencia personal vivida por Carlos Montenegro. Él mismo confiesa que al igual que el cuento «El beso», su función de escritor se reduce a escribir lo que pasó y vivió, bajo un estado alucinatorio provocado por la marihuana en esta ocasión.

Como en la mayoría de los cuentos, un narrador-protagonista, aquí en primera persona, conduce los hechos dentro del tiempo cronológico con rupturas de *flash back* que posibilita acciones pasadas dentro de una generalidad del presente narrativo. Este tiempo cronológico al que hacemos referencia es ascendente. En sí la acción tiene siete escenas no señaladas pero fáciles de distinguir. En la primera, en una estrecha celda conocida en el lenguaje presidiario como «la bartolina» o la celda del «afusilado» en que hay pintada una Virgen de Guadalupe acribillada a balazos, se muestra el protagonista, de dieciocho años de edad, indiferente por ser poseedor de: «un tostón de plata, un fajo de marihuana, utensilios de tallar y un encargo de 'La Tapatía'», la querida de Padilla, alcalde de la prisión, quien quería que le labrara un anillo de hueso humano para su amante. El motivo de este hueso humano sirve de reflexión al narrador que prosigue sus digresiones mentales recordando la narración que le hizo Pedro «El Yucateco» sobre la imagen de la Virgen agujereada.

En la segunda parte, en una regresión temporal se describe la visita de Santa, «La Tapatía», al penado en su celda demandando del prisionero la confección de la sortija de un hueso humano. La tercera sección constituye un cuento dentro del cuento, según le fue narrado al protagonista por Pedro «El Yucateco»; Miraflores encarcelado en la misma celda en que se encuentra ahora el protagonista pintó en la pared la imagen de la Virgen de Guadalupe y el día en que lo iban a ajusticiar, mató al cura que vino a confesarlo entrangulándolo con sus dedos pulgares y colgando su cuerpo sin vida de los hierros de la puerta de la prisión. Su ferocidad forzó a los escoltas a tirarle tiros desde afuera de la celda para poder entrar a liberar el cuerpo, ya sin vida, del padre confesor. Las balas acribillaron indiscriminadamente al charro Miraflores, que muere, y a la pintura de la «Guadalupana» que estaba en la pared.

En la cuarta parte se vuelve al presente narrativo y lo constituye una digresión sobre una herida que tiene Pedro «El Yucateco» hasta la entrega al protagonista de una tibia para la confección de la sortija. Al quedar solo el personaje comienza a fabricarse un cigarro de marihuana, y mientras saca las semillas de la hoja, medita sobre la aprensión que siente cuando trabaja con huesos humanos. De estas cavilaciones lo sacan dos escoltas que requieren su presencia para trasladar a un muerto, lo cual constituye la quinta parte de la narración. Es una estampa de un realismo crudo y desagradable en la que se recrea el narrador contando las peripecias de un cuerpo ya comenzando el estado de putrefacción. La marihuana atempera en parte esta escena nauseabunda.

En la sexta parte se da comienzo a la talla del anillo y a su vez la droga empieza a producir el total estado alucinatorio en el que el protagonista ve y mantiene una conversación con el charro Miraflores, muerto a balazos en esta misma celda, y que se narró en la tercera sección. La séptima escena constituye el desenlace del cuento. La sortija fue tallada. La miniatura terminada mostraba el rostro de la Virgen de gran belleza, pero resaltaba la desproporción del pulgar de sus dedos y el cuello alargado que poseía.

Llama la atención también en «La sortija», la excesiva limitación del espacio literario de los personajes. La inmovilidad de éstos no solamente está limitada por los muros de la prisión, sino que están dentro de una celda que no es sólo geográfica. El calabozo es mental pero la paradoja es que presionados por los límites de las paredes físicas de los cubículos carcelarios, la celda mental es la única que los libera.

El renuevo y otros cuentos termina con una trilogía que el autor llama I—«La cárcel», II—«La causa» y III—«La fuga», los cuales conjuntamente con «La sortija» inician y cierran el tema carcelario en México en la narrativa de Carlos Montenegro. Me informó el autor que son precisamente estos cuatro cuentos los que han dado origen a su última novela inédita de la cual ya lleva escritas aproximadamente cuatrocientas páginas.

Con una técnica casi idéntica a «La sortija», se desarrollan estas narraciones que más parece una sola, hecha en tres movimientos. La primera: «La cárcel», es la más estática y descriptiva; es el prólogo donde Montenegro va a situar la acción. Con una técnica expresiva que va desde lo sensorial a lo emotivo, se va logrando una atmósfera de soledad, de lánguido atardecer y de drogas que adormecen a los hombres tirados sobre tablones, tratando de escapar mentalmente del encierro a través de recordar el libre pasado. El protagonista se encuentra desnudo —sólo le dejaron al robarle cuando entró un calzoncillo que ahora usa de almohada, porque era práctica entre los reclusos desposeer a los que entraban presos para procurarse ellos mejores ropas con que capear las inclemencias del tiempo. Esta ausencia de vestimenta le obliga al protagonista a robar primero a un indio, y más tarde a un americano, Arturo, de sus vestimentas. Estas escenas y las consecutivas sólo llevan la intención de la pintura ambiental, casi costumbrista, de una cárcel casi infrahumana. Vale señalar, sin embargo, que en estas descripciones se esboza el tema sexual y el de la homosexualidad que será fundamental en la novela *Hombres sin mujer*, así como la reiterada alusión a que la ética está supeditada a las necesidades como cuando refiriéndose a la honestidad de un preso que no pasaba calamidades de clima dice:

> ...En tanto el coronel Cabrera, abrigado hasta el cuello, leía su libro: era el único hombre honrado de la prisión...[38]

El segundo movimiento de la trilogía: «La causa», comienza enlazándose con «La cárcel», al referirse en las primeras líneas del relato a la terminación del episodio de Arturo, el americano, en la prisión de Tampico. Prosigue el relato con digresiones en las que el narrador protagonista usando el pronombre de primera persona «yo», confiesa que siempre ha vivido en un engaño perpetuo consigo mismo y con los demás, lo que ha sido causa de muchas de sus desgracias. ¿Qué lo impele a mentir? Una necesidad interior, casi morbosa, a la ensoñación, a la irrealidad, que nacen de su timidez. La historia de su vida que ha contado en la cárcel es pura invención: un robo común lo convierte en un contrabandista de armas. Por medio de un *flash back* se nos cuenta de ciertas tardes cuando el protagonista bebe café en un restaurante habanero figurándose aventuras.

Después de una introducción de cinco páginas comienza la verdadera acción. Empieza el narrador en primera persona expresando al lector que va a sincerarse revelando su «verdad humana», que en él equivale a revelar su «maldad», creando la dualidad maldad-humanidad, y critica a los hombres que como él viven de ilusiones. Por medio de otro *flash back* se explica la pérdida de su dinero por habérselo jugado en el barco, situación que lo empuja a robar en las bodegas del buque «Monterrey» unas pistolas que se habían salido de una de las cajas y así obtener dinero para procurarse una mujer. El destino faltal lo lleva a querer vender las armas a la misma persona a quien venían consignadas, quien denuncia al ladrón y éste va a parar a la cárcel.

La historia, que como hemos visto es autobiográfica, y la unidad de este movimiento en sí, plantea dentro del conjunto de la trilogía fundamentalmente con la primera, diferencia de ritmo; si en «La cárcel» la ausencia de acción es innegable, por el contrario en ésta aflora. Además, dentro de la temporalidad narrativa, «La causa» vendría a ser un gran *flash back* puesto que se narran hechos sucedidos anteriormente a «La cárcel».

«La fuga», el tercer movimiento, es también, según Montenegro, de la experiencia directa, salvo uno que otro elemento necesarios a la ficción, fundamentalmente cuando el protagonista mata a una mujer para huir disfrazándose con la ropa de ella, y el deseo carnal que siente al verla desnuda. Este hecho que no sucedió en la realidad es un recurso dentro de la ficción para acentuar la atmósfera violenta y trágica del prisionero. Con técnicas similares de las dos anteriores en cuanto a la estructura y a la temporalidad, se distingue de «La cárcel» y «La causa» en cuanto a la espacialidad. «La fuga» además de la prisión se expande hacia otros escenarios propiamente más abiertos: el hospital y la calle.

Comienza el relato como una novela picaresca en que el protagonista sintetiza su pasado: «Yo era por entonces, realmente, muy ladrón...»[39] exclama quejándose de que en la cárcel nadie dejase de serlo. Expresa cómo los penados se iban quitando la careta y bestializando ante los nuevos prisioneros. Estas digresiones se asocian a las de «El rayo de sol» cuando por boca de Pascasio se teoriza sobre la máscara del hombre y añade ideas nuevas: «El destino burla la experiencia»; «las apariencias se entretienen en variar la faz de nuestros destinos»; «la insinceridad, ligera como el aceite en el agua, se nos sube a flote al menor vaivén de nuestros sentimientos».

El protagonista narrador interviene en un grupo donde alguien pedía auxilio, y no precisamente para ayudar a la víctima sino para desposeerlo de sus bienes; y es aquí donde recibió una puñalada. En una camilla es trasladado herido al hospital produciéndose un delirio narrado con la técnica del *Stream of consciousness*. Interrumpe este estado la voz del practicante dirigiéndose a Sor Juana, la enfermera, en la mesa de operaciones: «...mañana terminamos esto.» El practicante borracho no atinaba a coser la herida. Aprovechando el protagonista la ocasión de estar vigilado sólo por un viejo escolta, ofrece a éste marihuana y ambos empiezan a fumar para evadirse de la realidad. En el hospital comienza el plan de fuga. Después de escenas exageradamente truculentas y cubierto solamente por una sábana pone en funcionamiento el plan. Al tratar de huir es sorprendido por Sor Juana a la que estrangula sin querer —el destino de nuevo— y la que al desnudar para usar sus ropas en la huída le provoca deseos sexuales. Atraído por el cuerpo desnudo, tibio aún de la monja, va a morderle un pecho: «...mis labios tembloros de fiebre rozaban el pezón tibio. Entreabrí la boca y, al morderlo, como un pavor que llega de lejos, se desplomó mi sensualidad ante la impresión de que lo que mordía era el pecho rígido del degollado, el dedo gordo, el pus...»[40] Esta escena se explica con una anterior cuando el hombre valiéndose de una uña que logra extraer de un mordisco de un cadáver, le permite abrir la cerradura de una puerta. En este momento del cuento se asocia a escenas de «El mudo» y «El enigma» que tratan de degollados y que por supuesto pertenecen a la obsesión real del hecho delictivo que cometió Montenegro en 1918.

«La fuga» termina cuando ya en la calle el prófugo es recogido por un transeúnte anónimo que le facilita la huída.

Este final es literario, pues según Montenegro, su huída de la cárcel de Tampico fue facilitada por las autoridades de la prisión para seguirlo, ya que suponían que él tenía conexiones fuera de ella y que pertenecía a una red de contrabandistas de armas y de espionaje.

NOTAS

1. *Revista de Avance*, La Habana, Cuba (1927-1930).
2. Carlos Montenegro, *El renuevo y otros cuentos* (La Habana: Ediciones 1929 de la *Revista de Avance*).
3. Ibid., p. 5.
4. Ibid., p. 7.
5. Ibid, "el renuevo", p. 11.
6. Los africanos que vinieron a Cuba trajeron sus deidades. Dos de los dioses lucumíes que ellos adoraban: Oshúm y Oyá, reciben de los fieles el sacrificio de chivos, a los que después de matar desangrándolos, cortan la cabeza que, separada del cuerpo, se deposita en un plato. Los huesos que queden una vez terminada la ceremonia religiosa del sacrificio son usados por creyentes como amuletos sagrados para alejar los malos espíritus o para invocar favores de los dioses.

Sobre esta materia véase: Lydia Cabrera, *La laguna sagrada de San Joaquín* (Madrid, Ediciones ERRE, S. L., Talleres La Forma Gráfica, S. A., 1973); y a Fernando Ortiz en sus libros y trabajos sobre etnografía, folklore y religiones africanas en Cuba.

También en la mitología aparece el macho cabrío: "The he-goat is a kind of scape goat, — a symbol of the projection of one's own guilt upon someone else, and of the consequent repression of one's conscience. Hence the traditional significance of the he-goat as an emissary, and evil association with the devil..."

J. E. Cirlot, *A Dictionary of Symbols*, trans. from the Spanish by J. Sage (New York: Philosophical Library Inc., 1962), p. 137.

7. Montenegro, *El renuevo y otros cuentos*, "El renuevo", p. 11.
8. Ibid., pp. 12-13.
9. Ibid., p. 14.
10. Ibid., p. 14.
11. Ibid., p. 15.
12. Ibid., p. 15.
13. Ibid., "El discípulo", p. 17.
14. Ibid., "El cordero", p. 67.
15. *Revista de Avance*, Carlos Montenegro, "El hijo del mar", 15 de abril de 1928, Vol. 28, No. 21, p. 79.
16. Montenegro, *El renuevo y otros cuentos*, "El hijo del mar", p. 69.
17. Ibid., p. 71.

18. Albert Camus, *The Stranger,* trans. by Stuart Gilbert (New York: Random House, 1946).
19. Ibid., "El enigma", p. 80.
20. Ibid., p. 82.
21. Ibid., "El resbaloso", p. 89.
22. Ibid., pp. 90-91.
23. Robert M. Goldenson, *The Encyclopedia of Human Behavior* (New York: Dell Publishing Co., Inc., 1975), pp. 700-701.
24. Montenegro, *El renuevo y otros cuentos,* "El resbaloso", p. 88.
25. Horacio Quiroga, *Más Allá,* "El hijo" (Argentina: Sociedad de Amigos del Libro Rioplatense, Buenos Aires, 1935).
    Idem, *El desierto,* "El desierto" (Buenos Aires: Editorial Babel, 1924).
26. Montenegro, *El renuevo y otros cuentos,* "El porteño", pp. 105-106.
27. Ibid., "El tocayo", p. 115.
28. Entrevista de Carlos Montenegro y el autor de esta tesis. Véase Capítulo II, No. 1.
29. Ibid.
30. Montenegro, *El renuevo y otros cuentos,* "El mudo", p. 134.
31. Ibid., p. 137.
32. Ibid., p. 138.
33. Ibid.
34. Entrevista con Carlos Montenegro. Véase Capítulo II, No. 1.
35. Montenegro, *El renuevo y otros cuentos,* "El rayo de sol", p. 169.
36. Ibid., p. 171.
37. Entrevista con Carlos Montenegro. Véase Capítulo II, No. 1.
38. Montenegro, *El renuevo y otros cuentos,* "El rayo de sol", p. 69.
39. Ibid., "La fuga", p. 209.
40. Ibid., pp. 224-225.

Capítulo IV

DOS BARCOS

Bajo las prensas de Arellano y Compañía de La Habana, se publica en 1934, y en la colección de «Ediciones Sábado», el segundo libro de cuentos de Carlos Montenegro titulado *Dos barcos*.[1]

Cuando sale el libro ya el autor es nuevamente un hombre libre. Indultado en el año 1932 y después de contraer nupcias en la prisión, ha ingresado en el Partido Comunista y trabaja en la redacción del periódico *Mediodía* posteriormente.

Si en *El renuevo y otros cuentos* los temas de mar y los temas de prisión eran sobresalientes, porque respondían a las exigencias vitales de Montenegro, en *Dos barcos*, se agrega ahora una tercera actitud que si bien se podía apreciar esporádicamente en ciertas narraciones del primer libro de cuentos, en este último se manifiesta determinantemente: la denuncia social, las ventajas del Partido Comunista y el ataque al «imperialismo yanqui»; así como la vida marinera, la de prisionero, y ahora la de militante político que sintetizan la autobiografía de Montenegro a través de la ficción.

Las siguientes afirmaciones son de carácter general, pues como subtemas se reincide en asuntos, sentimientos o emociones ya experimentadas en cuentos de su primer volumen: la soledad, la niñez, la vida campesina, el autoritarismo paterno, el ataque a la iglesia y a la beatitud, y el tema patriótico. Este último esbozado en «El renuevo», de la primera compilación, será fundamental en «El negro Torcuato» y «Un insurrecto» del segundo volumen; y será no ya fundamental sino esencial en su tercer libro *Los héroes*.

Dos barcos está dividido en dos partes. La primera comprenderá catorce cuentos y la segunda una tetralogía carcelaria titulada «Cuentos de presidiarios».

El primer cuento homónimo del libro es una narración simbólica que utiliza como pretexto para teorizar sobre el imperialismo económico. Uno de los barcos, un remolcador de nombre «Maceo» —asóciese el nombre con el del general mulato de la Guerra de Independencia de Cuba—, es un barco de «timón celoso» que en cierta forma metaforiza los cambios y virajes de la inestabilidad política cubana. El otro, el «Panuco», es un lanchón «lleno de gente rubia» un parásito que había que arrastrar y en el que «...se notaba en él cierta cínica satisfacción, tal que si tuviera un alma cuadrada como su casco y comprendiera que pertenecía a una raza de conquistadores todopoderosa...»[2] El «Panuco», como se observa, representa a los Estados Unidos. Era un barco ladrón que robaba petróleo en México como ahora miel en Cuba. En un determinado momento en el «Maceo» se produce un motín a bordo, que recuerda lo acontecido en el acorazado ruso «Potenkin», en contra de su capitán, un hombre sin mucha experiencia marina y despótico, que trata a los tripulantes de la nave con crueldad inhumana. Vencedores los marineros sublevados constituyen una república socialista flotante condenando al capitán y a otro tripulante de criterio fascista a ínfimas labores en la cocina del remolcador. La fundación de esta nueva sociedad se hace con una proclama y todo. En la segunda, tercera y cuarta cláusula se manifiesta:

> Segundo: cortar los cables del remolque dejando al «Panuco» a la deriva no sin antes ofrecerles nuestro barco a los compañeros trabajadores que quieran pasarse a nosotros. Los cables los cortamos porque si seguimos con esa carga nos vamos a morir de hambre. Al fin y al cabo es bueno que se pierda porque en Cuba también nosotros podríamos hacer muy buen alcohol con los sedimentos de la caña.

Tercero: poner proa a puerto y demostrarles a las gentes del «Universo» que nosotros podemos valernos y no nos hace falta la ayuda de nadie.

Cuarto y último: proclamar a bordo la República Comunista aunque no sea más que para dar un ejemplo al pueblo de cómo se hacen las cosas»...[3]

La narración en primera persona y en boca del protagonista se corta abruptamente y termina cuando el barco ya en el Puerto de La Habana y hecha la tripulación prisionera, vuelve a ordenar la situación. En este sentido el cuento es cíclico, pues nada transformó realmente, estableciéndose con esto también un sentido crítico al sistema todopoderoso del poder económico capitalista.

Una referencia directa a su adolescencia, un recuerdo padecido en realidad, le incita a Montenegro a escribir «La hermana» y «Cargadores de bananas».

Como se estableció al sintetizar la vida de Montenegro, su familia después de haber vuelto a fracasar económicamente en Argentina, regresa a Cuba prácticamente en la miseria; tanto que el joven Carlos tiene que entrar como grumete al precio de techo y comida en un barco bautizado con el nombre de «Julia». Esto es lo que se sabe de la historia real, o lo que se dice, o lo que se contó de ella; la ficción completa otros detalles.

La narración cuenta la historia del protagonista en tercera persona que por «haber caído su familia a menos» pasa por la vergüenza que la pobreza impone a los que vienen de las clases acomodadas. El padre del protagonista para sustraerlo de sus andares callejeros sin rumbo lo pone a trabajar en el «Julia» a través de un antiguo amigo. Allí sueña con el día en que se haga a la mar y lleve a vía de hecho la vida de marinero que observa a diario en el puerto. El protagonista siente una admiración especial por uno de los marineros: el Mallorquín, por el prestigio que proyecta su imagen de seductor y temerario. El joven oye como un rumor, puesto que nunca bajaba a tierra, que el Mallorquín ha sido abofeteado por una joven camarera de un restaurante del puerto a la que todos trataban de seducir sin éxito. Fue una reacción de la muchacha ante un pellizco que le diera el marinero. Éste devolvió la bofetada, lección que aprende el joven grumete y que después andando el tiempo recordará en el cuento «Anazabel» de este volumen. El protagonista anhelaba hacerse a la mar cuanto antes para romper con su pasado y su familia y en el mar iniciar una nueva vida.

Cuando finalmente el «Julia» se hace a la mar se produce el desenlace del cuento: soñaba el muchacho en cubierta con la alegre vida marinera y ve a su hermana que despectivamente lo miraba de lejos. De esta experiencia onírica lo saca el Mallorquín:

—Oye, ¿cómo no me lo dijiste antes, muchacho?; ¡te hubiera tratado como cuñado!

El muchacho se quedó asombrado sin comprender, sonriéndole:

—¿Qué es lo que dices?

—Chico, me hubieras dicho que la muchacha de «El Candado» era tu hermana... Ella me lo ha contado todo...

...el «Julia» enfilaba su proa hacia puertos cercanos.[4]

El final de la narración es consistente con la teoría del autor de que nadie puede huir de su destino.

«Cargadores de bananas» puede ser leído como una narración unitaria, pero después de haberse leído «La hermana», es imposible no creer que el primero es una continuación del segundo. Más aún parecería que ambos constituyen un bosquejo de una breve novela o de una narración más extensa, puesto que al terminar de leerse «Cargadores de bananas» da la impresión de un cuento sin final al que le faltaría una conclusión.

Al preguntársele a Montenegro esta impresión, él coincidió que ello es tan cierto que ambas narraciones eran el comienzo de unos relatos en serie solicitados por la revista *Carteles*, de La Habana, y que fue suspendido por otros intereses.

La diferencia entre «La hermana» y «Cargadores de bananas» es el espacio geográfico, porque si el primero se desarrolla en el Puerto de La Habana, el segundo tiene lugar en Puerto Limón, Costa Rica, el que también está asociado a la biografía de Montenegro. Al margen de la historia misma y unido a la ideología militante de esos años, Carlos Montenegro utiliza la ciudad portuaria, célebre por su comercio exportador de café y plátanos, para insistir en el ataque anti-imperialista; obsérvese un ejemplo casi al final de la primera parte cuando el narrador-protagonista describe la ciudad portuaria:

> Al comienzo de las calles estaban las oficinas de la Compañía Frutera; frente a ellas se hallaba el Bar Azul lleno de ruidos y de música americana... Allí, como en La Habana, tampoco en las calles se cosían redes; era un pueblo negro; se dice «de nativos»; pero hablaban en inglés aunque Puerto Limón pertenece a la América Española. El imperialismo juega al ajedrez con la población de las Antillas; mueve los peones a su voluntad, injerta nacionalidades y acaso sueña con traernos en el futuro «nativos» japoneses.[5]

El relato está dividido por el autor en dos partes, la primera tiene por espacio el barco en el mar principalmente; la segunda parte se desarrolla totalmente en tierra firme.

La segunda sección cuenta la historia del protagonista en Puerto Limón, viviendo con una meretriz de la que tuvo que escapar por su voluptuosidad; y de su nueva ocupación cargando bananas en el puerto para librar su subsistencia. Luis Pondal, el protagonista creía al fin estar totalmente desvinculado de su pasado, estar libre. El barco había zarpado y en él se había marchado el Mallorquín, cordón umbilical que aún lo ataba a su pasado, sin embargo, cuando más contento se encontraba esperando un racimo de plátanos verdes, vio en las rítmicas filas de trabajadores a uno que desentonaba: era el Mallorquín que también había desertado del buque.

Los «Cargadores de bananas» presenta la escasa alternativa que el hombre tiene con el destino. Es una narración fatalista en donde se asienta la teoría insistente en la producción de Carlos Montenegro en la que la voluntad del ser humano no puede modificar un destino inscrito y manejado exteriormente. Llama aquí la atención la contradicción que esta postura tiene con la de un militante socialista que en todo caso sería más lógica en un pensador existencialista de la línea de Albert Camus o en todo caso yendo más atrás, al determinismo naturalista de fines del siglo pasado.

«Cargadores de bananas» se relaciona posteriormente con otro cuento titulado «Anazabel», inserto en este volumen a través del protagonista y otro personaje.

«El caso de William Smith» tiene una historia extraliteraria. Un día alrededor del año 1933 se encontraba el autor «sin dinero ni para comprar cigarrillos» y su antiguo amigo de la Pagaduría de la cárcel J. Z. Tallet trabajaba entonces en el periódico *Ahora*, que dirigía Guillermo Martínez Márquez, quien más tarde fuera Presidente de la Organización Internacional de Prensa. Tallet le pide una colaboración a Montenegro por la que le ofrece diez pesos, y Montenegro escribe «El caso de William Smith», que aparece publicado en uno de los números del diario. Comenta sin embargo Montenegro que a pesar de la oferta económica y de sus muchos viajes a la calle de Obrapía, en La Habana, donde estaba la redacción del periódico nunca pudo cobrar sus honorarios. «Era la época posterior a la caída de Machado y la situación económica del país en general era muy mala y los diez pesos que me habían ofrecido bien valían mis intentos de cobrarlos.»

El escenario de la narración es principalmente un barco aunque parte del mismo tiene lugar en la ciudad de Nueva York. Su tema es la lucha sindical y la férrea disciplina de los miembros de ciertos grupos que extralimitándose en sus funciones obreras juzgaban conductas e imponían sentencias hasta de muerte que eran llevadas a efecto irremisiblemente. Un personaje, Brai, huyendo de la justicia americana embarca y aparece más tarde huyendo de México en el vapor «Monte», donde es sorprendido por un oficial y encerrado por éste en un cuarto de calderas donde muere el polizonte por el calor. El oficial resulta absuelto por la justicia de toda intención culpable pero la I.W.W. (Unión de Trabajadores Internacionales) decreta la muerte del oficial por ser Brai uno de sus más renombrados líderes. El asesinato debe ser ejecutado por un marinero que nadie conoce y que pertenece a la organización. Cuando pasado el tiempo el barco «Monte» regresa de nuevo al puerto de Nueva York y William Smith, el oficial maquinista responsable de la muerte de Brai sigue vivo, un grupo de marineros afiliados a la Unión de Trabajadores que eran tripulantes del barco deciden tomarse la justicia en sus manos. Bajan a tierra y esperan por Smith hasta tarde en la noche. Cuando ya de madrugada baja un oficial y da su nombre —William Smith—, al agente de aduanas para desembarcar, los asesinos en acecho se le acercan y después de cambiar unas palabras entre ellos golpean al oficial al que luego matan ahorcándolo de un farol de Battery Place en donde fue descubierto el cadáver horas más tarde. El cuento concluye con el hallazgo de un segundo cadáver de William Smith en el barco: «Monte». Los marineros habían asesinado a uno de sus compañeros, al encargado de ejecutar a William Smith, el que después de consumar su orden, bajó a tierra con las ropas y el nombre del verdadero oficial para evadir la vigilancia de la aduana.

El argumento propicia clasificar la narración como dentro de lo policíaco. Fuera de ello lo sobresaliente es la técnica que emplea Carlos Montenegro para crear la verosimilitud en el cuento, en esto y guardando las diferencias, Montenegro puede asociarse a la ficción tan elaborada de Jorge Luis Borges.

La precisión histórica, nombre de personajes, fecha de lo acontecido, documentación marginal, que justificarían la existencia real, son impuestas al lector como elementos verdaderos, cuando en definitiva son hechos y entes de ficción.

Precisando, Carlos Montenegro habla de un personaje William Smith muerto el día anterior al 4 de noviembre de 1917, —día en que aparece la noticia en los diarios— cuyo asesinato ocupa lugar prominente en la primera plana del *New York Times* y la cadena periodística norteamericana Hearst. Esta falsa confirmación presupone que la realidad va a crear la ficción o posibilita la imaginación del escritor de tal manera que éste cumple más bien las funciones de un cronista. Este procedimiento funciona inversamente al contradecir la farsa: el escritor inventa una realidad hasta tal punto que esa realidad cumple la función verdadera, o existente objetivamente.

Con el breve cuento «El nuestro» se retorna al tema carcelario, y es un ataque al sistema político y electoral donde se seleccionan gobernantes por medio de recursos demagógicos.

La historia trata de la elección en la prisión para ocupar el cargo de verdugo. Dos son los candidatos a la posición, que otorgaba al que la desempeñaba ciertos privilegios entre los que se contaba una recompensa económica por cada preso que ejecutaba; los dos son extranjeros: un chino y un haitiano, sin embargo a última hora se presenta un tercer candidato que recaba el apoyo de sus compañeros con falsas promesas entre las que se contaba su fuga inmediata de la cárcel una vez elegido y pasado a la celda privilegiada a la que tendría derecho, retardándose así una ejecución señalada para el siguiente día de la elección. Los presos ante las argumentaciones del nuevo aspirante que llaman «el nuestro», lo señalan para el cargo. La sorpresa y desenlace del cuento se produce cuando un toque de corneta anuncia días después una muerte en la cárcel, y los presos estupefactos ven pasar frente a ellos «al nuestro» con una cara de «carnicero sonriente»: el que ellos habían elegido los había engañado.

Usa el escritor el cuento para atacar los gobiernos producto de falsas elecciones populares; campañas mentirosas y promesas insinceras, manejadas por los explotadores de la política.

Una anécdota personal sirve de base a la creación de «El libro».[7] No había nada peor para un preso cumpliendo su condena en el Castillo del Príncipe que ser trasladado para la prisión de Isla de Pinos, pues en esta soledad el aislamiento era mayor, entre otras cosas, por dificultársele a los familiares visitar a los presos. Además la Isla rodeada de mar hacía perder más aún toda esperanza de evasión a los prisioneros. Montenegro poseía un libro sobre el arte de navegar que un día prestó a un compañero que iba a ser enviado a la Isla. Antes de verificarse el traslado el compañero de prisión devolvió el libro.

En el relato cuya historia es la de un preso que trata de evadirse de la prisión de Isla de Pinos usando los conocimientos náuticos que obtuvo a través de un libro prestado por otro presidiario en el Castillo del Príncipe, se le encuentra al fugitivo muerto en un bote el libro que le había sido regalado por el narrador del cuento. Como se ve la ficción difiere de la realidad en cuanto al tema central de la historia. Su autor comentó conmigo abundando sobre el mismo tema:

> Viviendo en una casa de huéspedes en la época del presidente Machado en 1933, al narrar la historia en una tertulia y para mostrar la veracidad del hecho, fui a mi cuarto y traje el libro en cuestión donde se veía la rosa náutica dibujada en una página, totalmente sucia, junto a otras donde se explicaba cómo orientarse por el sol...[8]

«Macatay», el séptimo cuento de *Dos barcos* es una historia circular con un primer tiempo en presente, donde pasa el conflicto en sí; un narrador en tercera persona, y un pasado histórico, retornando la tercera parte del cuento a un presente.

La historia es la de un prisionero enajenado a quien el abogado defensor que no se había dado cuenta que el preso estaba loco, exige que éste actúe como tal para lograr su libertad.

La historia es ésta: una tarde del 15 de agosto en un camino rural apareció un hombre con las cuencas de los ojos vacías, quien murió más tarde articulando un nombre: Macatay. La policía por este dato encuentra al hombre y lo pone preso. El abogado defensor se entera que el reo descubrió una mina de oro y esa fue la causa de su crimen: una disputa con el socio. Movido por el interés económico el abogado mueve inescrupulosamente la rueda de la justicia y saca libre a Macatay con el objeto de que éste lo conduzca a la mina. Cuando se encontraban los dos solos en las inmensas soledades de un lomerío, el abogado se percató de que su cliente era verdaderamente loco. En el local donde se suponía que se encontraba la mina, en un corral, había cuatro vacas ciegas, porque el demente creía que sólo él necesitaba ver en aquellos alrededores. Termina la narración con unas palabras que retrotraen el cuento al principio del relato por el tema:

> Dos días después, la pareja que hacía el recorrido por el camino real de Cerro Calvo encontró a un hombre agonizante con

las cuencas de los ojos vacías que sólo decía un nombre: Macatay

Así murió el abogado iluso.

«Macatay» se asocia a «El resbaloso», incluido en *El renuevo y otros cuentos*. Es decir, la historia de un personaje que de burlador pasa a burlado.

En «Anazabel» la influencia modernista del concepto de la coquetería femenina se hace sentir en este episodio con su mezcla de romanticismo y decadentismo. El amor femenino enfocado de tantas maneras distintas por tantos períodos históricos y literarios, influye en Carlos Montenegro al producir este cuento.

Gracián encarna al héroe sentimental para quien la mujer era un ser inmaterial, frágil, idealizado al extremo. «El cubano», otro personaje, encarna un tipo para quien la mujer es la esencia del eterno femenino del concepto modernista, mezclada al realismo-naturalista del instinto; la satisfacción sexual de la mujer sin quimeras o sublimaciones. Anazabel es una síntesis de la mujer, vista de dos maneras opuestas por dos hombres: dos diferentes enfoques de una realidad: la puti-doncella de Quevedo o el baci-yelmo de Cervantes del episodio sobre el yelmo de Mambrino.

Un narrador en tercera persona va describiendo la historia de dos jóvenes desde que abandonan un barco en Nueva York y juntos van por las frías tierras del norte de los Estados Unidos en busca de trabajo: Albany, Syracuse y Altamon (¿Almonte?). Las peripecias estrechan aún más los lazos de estos dos jóvenes que vienen juntos desde Puerto Limón, en Costa Rica. Como se ve, «Anazabel» se relaciona aquí con la narración anterior «Cargadores de bananas», lo que viene a confirmar que la ficción en Montenegro sigue los pasos de su propia vida.

Los muchachos tienen que aceptar empleos a bajo jornal donde los explotan, alusión a un problema que aún está latente en los Estados Unidos de Norteamérica. Continuando la narración surge el incidente que provoca el clímax del cuento: Anazabel y su hermana que son bilingües (hablan español e inglés), conversan en castellano presumiendo que los dos extranjeros frente a ellas son norteamericanos, que no las entienden. Ellas usando el español piden un beso a los jóvenes. Los dos hombres reaccionan ante el coqueteo de las muchachas: uno idealísticamente y el otro instintivamente. El resultado final de una serie de situaciones es que Gracián sólo logra de la mujer emociones y sentimientos románticos; en cambio, «El cubano», realista, obtiene como compensación por su actitud machista el cuerpo de la misma mujer.

«La cartera», más que como cuento realista, se inscribiría en el naturalismo crítico que trata de descubrir el mecanismo que mueve «la bestia humana» y a la vez lo analiza.

En Cuba era común que ciertas materias jurídicas se dictaran con la observación práctica en las prisiones. En cortos párrafos descriptivos y breves diálogos, el narrador cuenta como en una clase de antropología conducida en la prisión un encarcelado, devolvió al catedrático que dictaba la conferencia, la cartera del dinero que accidentalmente se le había caído, ante la sorpresa de los estudiantes y detenidos, porque en esos momentos el prisionero servía de modelo a la clase como el típico hombre lombrosiano, es decir: como un representante antropológico del delincuente nato.

Este aparente desprestigio del profesor, esta ridiculización fue totalmente intencionada puesto que sí era un criminal nato; la historia se resuelve cuando el simulador ante las preguntas de los compañeros comenta:

—Figúrense, cuando se cayó la cartera la vimos ocho. ¡Ocho!... tocábamos a cinco pesos, los mismos que pensé que ese *primo* me iba a regalar, ...y ¿quién me aseguraba a mí que el estudiante (que también había visto caer la cartera) no iba a querer por lo menos la mitad?...[10]

La crítica de Montenegro a la jurisprudencia, lo mismo que al magisterio es recurrente. Ante esta actitud el propio Montenegro aceptó que estaba conectado con sus experiencias personales: su odio al maestro de la escuela que tuvo en la aldea gallega y más tarde a los curas paúles que enseñaban en el colegio al que asistió en La Habana; y al abogado y los jueces que actuaron ante su condena.

«La huella del cacique» es otro de los cuentos autobiográficos del autor. Su padre poseía una embarcación que compitió una vez en la ría del Arosa y ganó una bandera allá en Galicia. Hasta aquí el hecho cierto. Lo demás es ficción.

La historia trata de un cacique gallego que conjuntamente con el cura de la aldea controlaban al pueblo. Don Fadrique, a quien llamaban «el cubano» construye una nueva embarción: la «Rusa» y en un día tempestuoso reta soberbiamente a otro personaje, Villoch, quien poseía la embarcación más veloz de la ría del Arosa contra la cual nadie osaba competir en velocidad a una contienda. Debido a la mar agitada, Villoch trata de persuadir a don Fadrique de lo temerario que él era porque él no exponía su vida personalmente a lo que responde don Fadrique que su hijo irá en la nave, y persistiendo en el reto obliga a Villoch a regatear contra la «Rusa». Termina la historia con el hundimiento de «La rusa», debido al mal tiempo y la muerte de uno de los más queridos hijos legítimos de don Fadrique, «el cubano», que iba en la nave.

Es un relato que pone de relieve el carácter testarudo, estoico e ilógico de los «caciques» de la región gallega. «La huella del cacique» es una estampa costumbrista, regionalista, que descubre los sentimientos de Montenegro respecto al carácter paterno y al materno. El primero autoritario, severo; y la segunda, que en la historia se dice haber nacido «en una isla del Caribe», siempre callada, sufrida y tierna. Es continua la utilización de galleguismos en la expresión.

«La herencia», que lleva al calce: «1932», una excepción dentro de la producción de Montenegro, pues éste nunca fecha sus narraciones. Con «El resbaloso» y «Macatay» constituye la trilogía de las sorpresas que depara el destino y que transforma al hombre de víctima en victimario, de burlador en burlado.

La historia cuenta la vida de Juan Ferreiro en la prisión, quien inteligentemente hace correr la versión que llega hasta el jefe del penal que él ha heredado una fortuna. La codicia del funcionario público se manifiesta en seguida en un cambio de actitud hacia el preso al que comienza a tratar paternalísticamente y concederle privilegios, hechos que aprovecha el penado para fugarse un día de la cárcel.

Desde otro punto de vista, la ironía trae aparejada una crítica a los funcionarios públicos, a todo un sistema de soborno y fraude que se comete en el usufructo del poder legal.

La experiencia periodística de Montenegro cuando trabajaba para el semanario *Mediodía* le dá tema para un cuento sobre la vida del reportero siempre pendiente de la noticia para poder «dar un palo periodístico» que merezca un cintillo de primera plana. El tema de «Reportaje sensacional» es simple: Sazuma, el redactor, entrevista con carácter exclusivo a un prófugo de la justicia. Sazuma era de los periodistas que no creían en las complicaciones legales o sentimentales que la profesión traía aparejada:

> Para él, Sazuma, todo era sencillísimo: la noticia estaba en el fondo de un pozo y al fondo del pozo la iba a buscar. Lo demás era pura tontería, prejuicio ñoño.

Sin embargo esta vez la personalidad del prófugo hizo cambiar su manera de operar. Se había encariñado con él al extremo de tratar de ayudarlo a buscar un escondite que le facilitara una fuga mejor, incluso a expensas de su dinero. El desenlace de la historia lo produce una entrevista que sostiene con el jefe de la policía secreta mientras se complacía en verificar que las pruebas de galera de su «Interview con un prófugo sin capturar» no contenían errores. Por esta visita se entera que a pesar de todas las precauciones que el periodista había tomado para mantener en secreto su historia, ésta era ya del dominio público y de la policía: Sazuma había cometido una indiscreción en usar su automóvil en ir a visitar el refugio del fugitivo y la policía lo había seguido.

Hay referencias a la avidez insaciable del público lector por informaciones sensacionales.

La narrativa de Montenegro puede inscribirse también dentro de los cauces de la protesta y la denuncia. Un «Reportaje sensacional» confirma lo anterior puesto que en última instancia es un severo juicio a la prensa y al sistema periodístico que más que información da versiones personalistas y unilaterales de los acontecimientos. Esta idea vuelve a retomarse en un cuento posterior titulado «El iluso».

En «El renuevo», el cuento con que inicia su primer libro

Carlos Montenegro alude a la Guerra de Independencia en Cuba. Ya en este su segundo libro y en forma gradual se van manifestando más alusiones a la historia cubana tanto que después de la narración «Dos barcos», llegan a cobrar preeminencia y se convierten en historias centrales de dos relatos: «El negro Torcuato» y «Un insurrecto». Según Montenegro los datos del primer cuento de su segundo libro se los suministró el comandante Cordovez, el mismo militar que en 1912 fue enviado a la provincia de Oriente con el objeto de liquidar el alzamiento de los negros capitaneados por Estenoz e Ivonet.

El escenario es el campo cubano en tiempos de la revolución contra España. La acción transcurre no específicamente en Oriente, provincia donde tiene lugar mayormente la revolución, sino que el escritor la sitúa en otra provincia, la de Las Villas, en la parte central de Cuba. Torcuato era el asistente del general Máximo Gómez, Jefe del Estado Mayor de las Fuerzas Armadas de la revolución, el cual conocía perfectamente todas las reacciones mentales del jefe con sólo ver sus ademanes o manifestaciones físicas. La revolución para Cuba marchaba mal y el general estaba enfermo: su tropa desnutrida, necesitaba alimentos. Torcuato, un esclavo libertado que aún conservaba la sumisión y el respeto inculcado en tantos años de esclavitud, dormía en el suelo bajo la hamaca del general. La historia cuenta la reacción de Torcuato ante la impotencia del jefe enfermo. El urde un plan para obtener reses a cambio de libertar a un guerrillero importante que él secuestraría. El general aprueba el plan con la condición de que si fracasa le espera una «guásima» (árbol del que ahorcaban a los traidores y enemigos). Torcuato triunfa en su empeño de secuestrar a un guerrillero pero no en obtener el canje por reses de éste. Máximo Gómez permite a Torcuato que presida un tribunal de guerra para juzgar al guerrillero y que personalmente lleve a cabo la sentencia de muerte que obtiene el reo. Después de un día agitado Torcuato va a dormir bajo la hamaca del general, debajo de ella observó los codos del hombre hundidos en la lona los cuales significaban decisión inapelable. Resignado a su suerte esperaba el nuevo día para ser juzgado y condenado; en estas cavilaciones lo sorprendió el sueño y cuando lanzó el primer ronquido Máximo Gómez abandonó inmediatamente la rigidez muscular que mantuvo para intimidar a su asistente, que tan bien lo conocía y sonrió.

Esta historia tiene una serie de implicaciones poco accesibles a los no familiarizados con el proceso revolucionario cubano, sus guerras y sus problemas raciales. El lector foráneo perderá detalles del cuento como por ejemplo el carácter del general Gómez; la condición del negro que acababa de ser liberado pero que psicológicamente seguía atado a una serie de normas y costumbres de las que no se desprendió fácilmente; el odio de los cubanos a los guerrilleros, más que a los españoles que peleaban por su patria; las ramificaciones raciales que quisieron darle a la muerte del general mulato Antonio Maceo. Para el lector cubano familiarizado con los hechos, el breve cuento es una perfecta evocación histórica manejada desde la realidad ambiental y de la conducta psicológica de las personas.

«Un insurrecto» fue escrito también como consecuencia de un episodio histórico que le narró el comandante Cordovez a Montenegro.

Como en el «Negro Torcuato», sucede en el campo, y se describe la flora del lugar con lujo de detalles, casi extraído de un libro de botánica. El narrador en tercera persona reconstruye la historia de dos oficiales revolucionarios.

Un general de la guerra, probablemente Máximo Gómez, ordena a un capitán que investigue la actitud del Alférez Román, encargado de la zona de confidencias y de proveer al ejército revolucionario con armas, municiones, comida y medicinas. La conducta del Alférez dejaba mucho que desear y el general escoge al oficial más amigo del Alférez para la misión. La columna del Capitán es sorprendida por los españoles y solamente él se salva gracias a la pericia de su caballo. Por un papel que encuentra en la zona de combate el sobreviviente se percata de la actitud traicionera de su amigo el Alférez. Va en su busca y lo encuentra enfermo. El Alférez Román trata de convencer a su amigo el Capitán de que desista de la lucha que él considera perdida. Ante lo infructuoso de sus argumentaciones convence al Capitán amigo que se marche en otro caballo y por un camino que él mismo le indica, con la promesa de que él lo seguirá momentos después en su caballo que ya estará más descansado. En Román su sentimiento de amistad prevalece por encima del patriotismo y la traición, salvando al amigo Capitán al enviarle por el camino seguro que los españoles le habían señalado al Alférez traidor para que se salvara.

El Alférez usando el camino que iba a seguir su amigo y montando su caballo perece en una emboscada española. El desenlace lo produce la llegada del caballo ensangrentado sin jinete y el reporte del capitán al general: «...el Alférez Román ha muerto como un valiente...»[12]

Ambos cuentos, éste y el anterior, más que una historia son anécdotas patrióticas cuyo fin es más pedagógico que literario puesto que ayudan a mantener en vigencia el espíritu nacional. No hay que olvidar que en Cuba hay un resurgimiento nacionalista que empieza alrededor de los años 1930, y se proyecta vigorosamente los años posteriores.

Carlos Montenegro termina su segundo libro de cuentos con una tetralogía carcelaria: I—«El domado», II—«El iluso», III—«El incorregible» y IV—«El superviviente». Las historias difieren entre sí, pero todas tienen como común denominador la expresión de los sentimientos del autor-narrador sobre el submundo de la prisión: los hombres que la habitan y la sociedad que la mantiene. En largos monólogos el narrador reflexiona y predica a manera de un sermón, la ideología comunista. En estos cuatro cuentos del autor la acción es meramente conductora de ideas o trampolín del narrador para expresar su criterio. Esto hace que la literatura sea pretexto de proselitismo y en cierta manera rebaja la creación estética, esto no sólo desde el punto de vista de la ideología literaria, sino en cuanto a la estructura, porque el autor no conserva su independencia ante el narrador, insertando largas interpolaciones de orden extra-narrativas. La tetralogía es más bien un ensayo ético-socialista de Montenegro que una narración propiamente.

El escenario de los cuentos puede ser cualquier prisión con excepción del último cuento que específicamente señala el autor que tiene lugar en el presidio y los contornos de Isla de Pinos.

El tema de «El domado» es la destrucción de un preso que entra en la cárcel altivo y orgulloso y sale muerto física o moralmente. Huerta era un español que en la batalla del Annual, en Marruecos, había desertado por considerar el colonialismo español injusto. La cárcel, o «pudridero» como le llama Montenegro, transforma aquel hombre que era famoso por sus reacciones violentas en un guiñapo humano que termina pidiendo perdón de sus culpas a las autoridades vencido por las medidas represivas que le aplicaron como castigo en la cárcel. El autor termina la historia manifestando que Alberto Huertas fue asesinado por el sistema carcelario que lo convirtió en un «colgajo de fatigas que ya no tenía ni nombre.»

La historia de «El iluso» es la de un preso que después de cumplir diecisiete años de cárcel cree en las palabras cristianas de un sermón que da un cura católico en la cárcel. Se inflama ante la oratoria y cree en toda la doctrina de igualdad, caridad y justicia cristiana. Cuando quiere actuar conforme a ellas en la cárcel es castigado y muere como resultado de una penitencia impuesta.

En «El incorregible», la acción que sirve de base a las digresiones ético-socialistas, es la de un reincidente preso que muere en la cárcel y sus ejecutores hacen aparecer como suicidio su muerte, cuando de acuerdo con el autor todos somos responsables de esa muerte.

Finalmente termina la tetralogía con «El superviviente», donde al caerse el protagonista de un camión de presos en donde era conducido a la prisión después de trabajar en el campo adyacente, éste a pesar de todos sus esfuerzos no puede alcanzarlo nuevamente y por tanto se convierte en un prófugo, delito que se castigaba con la pena de muerte. Al conocerse la desaparición del preso se inicia una cacería humana en toda la Isla de la que participan las autoridades y otros civiles; se toman precauciones en todos los hogares y se despierta la voracidad del hombre, que como ya dijera Montenegro en «El rayo de sol» a través de Pascasio, es malo por naturaleza. Se salva el prófugo, protagonista, Matuzo, de aquí el nombre de «El superviviente», porque entra en casa de un norteamericano residente de la Isla, el que lo entrega al alcalde intercediendo por la vida del prisionero. El alcalde para calmar la «fiera humana», que habita en todos, especialmente, según el autor, en las autoridades policíacas, les dice que salvando a este prisionero, junto con dos anteriores que siguieron el mismo camino, pueden justificar ante extraños la muerte de otros quinientos»,[13] porque los soldados querían el preso muerto de todas maneras. Termina el autor el relato diciendo que al saberse en el cuartel que Matuzo regresaría vivo, «algunos cabos de cigarros han ido a dar violentamente contra el suelo».[14]

Se decía que estos cuentos ensayos condensan una divulgación doctrinaria y guarda relación directa con la vida del escritor. Es la época de la afiliación al Partido Comunista de Montenegro a la vez que su gran acción política dentro de él.

Estos cuatro últimos cuentos de *Dos barcos* forman parte de las narraciones del autor que son pensadas y no vividas, por ello pierden autenticidad en algunos aspectos. Carlos Montenegro logra sus mejores cuentos cuando hay una experiencia real, vivencial y no meditada. Por ello se observa que su trilogía carcelaria de *El renuevo y otros cuentos*, como narración literaria, está muy por encima de la tetralogía de este segundo libro.

NOTAS

1. Carlos Montenegro, *Dos barcos* (La Habana: Ediciones Sábado, Arellano y Compañía, 1934), p. 12.
2. Ibid., p. 12.
3. Ibid., pp. 22-23.
4. Ibid., "La hermana", p. 34.
5. Ibid., "Cargadores de bananas", p. 42.
6. Entrevista de Carlos Montenegro y el autor de este trabajo. Véase Capítulo II, cita no. 1.
7. Informó Carlos Montenegro al autor de este trabajo, que los reclusos no podían leer libros si no tenían autorización especial, y el censor era casi un analfabeto; de ahí que en el cuento Montenegro cita la redacción de la autorización cargada de errores gramaticales como una especie de documento de la ignorancia de los examinadores. Alargando más el tema, el escritor comenta como por ejemplo, que en los escasos libros de arte que tenían en la rudimentaria biblioteca del penal, los censores arrancaban las páginas de las estampas con figuras desnudas o semidesnudas; tal era el caso del volumen sobre esculturas célebres donde no aparecían entre otras muchas, las páginas de la Venus de Milo ni la del David.

8. Entrevista entre Montenegro y el autor de este trabajo.
9. Montenegro, *Dos barcos*, "Macatay", p. 92.
10. Ibid., "La carreta", p. 12.
11. Ibid., "Reportaje sensacional", p. 149.
12. Ibid., "Un insurrecto", p. 183.
13. Ibid., "El superviviente", p. 183.
14. Ibid., p. 262.

Capítulo V

LOS HÉROES

Los héroes, la tercera y última colección de cuentos publicada por Carlos Montenegro sale en 1941, en La Habana, por la Editorial Caribe. El volumen se diferencia fundamentalmente del libro *El renuevo y otros cuentos* en que se abandona por completo el tema de la prisión, aunque une a ambos el asunto patriótico; a pesar de que en «El renuevo», cuento de su primer libro, este tema sólo aparece como una alusión. El tema campesino que como dato interesante se inicia en el primer cuento del primer libro, se cierra en este último relato de su última colección de narraciones. Une a las tres compilaciones de este autor: *El renuevo y otros cuentos, Dos barcos* y *Los héroes*, temas marítimos.

Desde un punto de vista el libro *Los héroes*, especialmente la sección de «Cuentos de la manigua», es una obra de gran economía estilística, de cuidadosa expresión, que hace pensar en un escritor maduro y profesional. Hay que tener en cuenta que *Los héroes*, es en definitiva el cuarto libro de ficción, puesto que la novela *Hombres sin mujer*, fue redactada y editada entre los dos últimos libros de narraciones.

Las historias de «Cuentos de la manigua», Montenegro confiesa haberlas extraído de testigos presenciales de los hechos mediante conversaciones que sostenía con veteranos de la guerra y hay que recordar que el autor visitaba exprofeso el asilo de «Los Pinos», en La Habana, con el objeto de obtener materiales para sus futuras narraciones, esto posibilita la insistencia de que Montenegro necesita extraer la ficción de los acontecimientos concretos; que cuando no los vive, él los suple con informes de otras fuentes reales.

«Los héroes», cuento que da título al libro, se sitúa en tiempos de la Guerra de la Independencia de Cuba. La historia se la suministró al autor el doctor Alvarez Cerice, médico que acompañó al general Máximo Gómez en su campaña. La historia es un retrato psicológico del personaje principal muy bien logrado, así como las insinuaciones de las luchas internas que mantuvieron los generales Gómez y Maceo durante la epopeya libertadora y que terminó con la muerte de Maceo en una escaramuza en el Cacahual, provincia de La Habana entre tropas españolas y cubanas.

El cuento en síntesis trata de dar y condensar la dramaticidad de dos caracteres en oposición. Ejemplo claro de lo anterior se aprecia en la siguiente situación narrativa:

> El generalísimo marchaba al frente de sus tropas; bien plantado sobre su caballo, con la mirada más dura y brillante, con los pelos del rostro aún más blancos e hirsutos. Él sabía bien lo que se había perdido, pero no decía nada; otros hablarían después que la guerra terminase, él sólo estaba allí para seguir hacia delante, hacia la República.
> Detrás de él, no tan erguido, con la cabeza abatida sobre el pecho como el día que regresó de la pelea, sin armas, otro viejo marchaba cansado y silencioso. El Generalísimo, que había detenido su cabalgadura juzgando el terreno propicio para acampar, se fijó en él. Las miradas de los dos viejos se encontraron.
> —Mala noticia —dijo uno en voz baja.
> —Mala, mi General —respondió el otro.
> —Maceo hacía bien las cosas, Coronel.
> El otro rectificó:
> —Comandante, mi General.
> —He dicho, Coronel, que Maceo hacía bien las cosas.
> Los dos viejos se miraron intensamente, los dos serenos y graves; por fin el menos erguido de los dos repuso:
> —Con su permiso, mi General. Maceo nunca hizo Coronel a ningún ladrón de ganado.
> El Generalísimo Gómez, emitiendo su gruñido se apeó del caballo, dio la orden de acampar y contestó:
> —Yo tampoco.
> Y comenzó a caminar; el sol en el ocaso, grande y rojo, alargó su sombra, infinitamente, como si pretendiese cubrir con ella toda Isla; otras mil sombras se alargaban en el llano... Después, el cam-

pamento se perdió en la noche, sin una sola canción, en espera del alba.[1]

Llama la atención que en toda la narración el general Gómez nunca es citado por su nombre sino hasta el final del relato. Esta técnica mantiene la curiosidad del lector hasta el último instante, pues aunque algunos lectores presuponen el nombre del general al comienzo de la acción, desean ratificar sus conocimientos con el desenlace que da el autor de la narración.

En los diálogos y en las descripciones se usan regionalismos como forma de insistir en la autenticidad de los personajes y el ambiente.

Cuando se comentó «El negro Torcuato» y «El insurrecto» respecto a la relación lector-historia cubana, se dijo que la historia narrada por Montenegro suponía un público conocedor de la historia de Cuba por cuanto Montenegro suprimía explicaciones necesariamente básicas para el profano en la materia. Esto es válido para «Los héroes», «El agachao» y «Los imponderables de Pedro Barba».

«El agachao» toma su nombre de la expresión popular que subestima al individuo de carácter sumiso, débil. Es signo también de cobardía. Un narrador en tercera persona expone la historia de Leoncio Paez, un revolucionario cuya misión era abastecer a las tropas robando reses, lo cual no le daba jerarquía en ninguno de los bandos contendientes. Tenía una ambición y era que un día reconocieran que él no era un «agachao» y que tenía tantos méritos como cualquier soldado regular que combatía por la libertad de su país. El protagonista tiene la premonición que la misión que va a realizar va a ser la última y esta premonición se cumple con algunas complicaciones que ya había soñado. Su hermano menor sin que él se percate lo sigue en una misión al campo enemigo. Leoncio Paez, «agachao» entre la yerba acechaba el momento propicio para hurtar una res y de momento un ruido lo saca de su vigilia, abre fuego contra el hombre que avanza hacia él y huye despavorido. Llega a su casa y la madre le pregunta por el hermano Fidel que lo había seguido. Regresa al lugar de donde había escapado momentos antes para buscar al hermano y lo encuentra muerto atado a un poste. Se da cuenta entonces que él fue el asesino de su hermano: «...Recordó ahora como Fidel se había llevado las dos manos, las dos, a la frente, antes de rodar entre el yerbajo...»[2] El desenlace del relato se produce de inmediato cuando el protagonista atontado abandona su postura física de «agachao» e irguiéndose camina a campo travieso sin importarle la presencia enemiga:» ...Y al alba, ...pudieron ver atados a los postes de la alambrada, para escarmiento, a los hermanos Paez, cuatreros...»[3]

En «El agachao» no se utilizan los hechos históricos oficiales; por el contrario, Montenegro parece rehuirlos para basar la anécdota en la sub-historia y en un ambiente que contribuye a ver los acontecimientos como una historia popular; no es un héroe el protagonista, es un ser casi anónimo pero que contribuyó a que la historia oficial exista.

«Los imponderables de Pedro Barba» es el último relato que escribe Montenegro sobre la Guerra de la Independencia de Cuba. Su acción tiene lugar en 1898, lo cual se deduce por la mención de hechos que ocurrieron en ese último año de la contienda. Un narrador en tercera persona cuenta la historia e introduce al protagonista que da nombre al cuento: Pedro Barba, Ayudante del General, el cual se supone sea el general Máximo Gómez.

El cuento aparece dedicado en el libro a Blas Roca, dirigente del Partido Comunista cubano. El autor, que milita en las mismas filas, va a documentarse en hechos ciertos que le narran los veteranos del asilo de «Los Pinos», en la Habana: la anécdota de los cangrejos; la osadía de los mambises; el descontento de algunos insurrectos por la intervención americana en la guerra. Mezclando hechos históricos el escritor hace una ficción explotándola en beneficio de la causa que predica, y el resultado es un relato realista e impresionante por su fuerza descriptiva.

La acción narrativa la constituye un diálogo conducido principalmente por Pedro Barba y el General en que se plantea la situación de depauperación del ejército revolucionario por la falta de avituallamientos. El diálogo no sólo es un auto de reflexión de la situación revolucionaria sino un análisis irritante contra las fuerzas del imperialismo norteamericano que en el último momento intervenían en la guerra para llevarse la victoria de los despojos.

La narración es una simple exposición socio-histórica de un pasado y carece de una estructura de ficción; tanto que el fin de ella podría ser alargado infinitamente por más conversaciones. Eso sí, vale señalar, que a través del general se simboliza el impersonalismo histórico y que Pedro Barba representa la historia como voz popular.

La segunda parte de *Los héroes*, titulada «Otros cuentos», comienza con el relato «La mar es así», que constituye una palabra mágica, una respuesta con la que el «cacique» del pueblo justificaba sus excesos y su explotación a la clase trabajadora.

El cuento se desarrolla en un ambiente pueblerino, atrasado y controlado por el oscurantismo religioso, en el norte de España, casi seguro la aldea Puebla de Caramiñal donde nació Montenegro. Un narrador en primera persona cuenta la acción. Habla de un cacique —que es el padre del protagonista— que junto con el cura del pueblo gobernaban la aldea a su antojo y sacrificaban la vida de sus componentes: uno físicamente con trabajos duros y peligrosos; el otro con una doctrina de sumisión ciega. Dice el narrador-protagonista:

> ..., yo vivía en el temor de Dios. En el pueblo besaba dos hermosas manos: la de mi padre y la del señor cura. Era yo una cosa pequeña, tan pequeñita como el resto de los seres que me rodeaban; ...[4]

El tiempo de la acción es lineal y cronológico con interrupciones de *flash back*, pero no es importante a la acción que pudiera definirse como intemporal ya que enmarca una serie de hechos que lo mismo pueden ocurrir en un día que en varios. El dramatismo lo constituye los monólogos del narrador-protagonista que va expresando su punto de vista sobre lo que va ocurriendo. Impera un ambiente taciturno, lúgubre, dominado por las dos fuerzas del poder. La historia la constituye los juicios del niño protagonista describiendo e interpretando lo que ve: fanatismo, injusticias, obediencias, pasiones deleznables, oscurantismo religioso y termina cuando el protagonista tratando de consolar a dos huérfanos en la playa a la manera que lo hacía su padre «el cacique» en el pueblo, les dice: «la mar es así» y los dos niños le dieron sendos puntapiés que lo tumbaron al suelo. El niño no entendió por qué y trató de hallar una respuesta en la religión. Retomando el presente de la narración exclama el narrador-protagonista ya adulto: «...yo no he olvidado aquella primera lección de marxismo que me dieron cuando apenas contaba ocho años de edad.»[5]

«La mar es así» se inscribe dentro de los cuentos de la niñez de Montenegro y se diferencia de los primeros insertos en *El renuevo y otros cuentos*, porque el autor militante comunista no encuentra obstáculos en utilizar ideas, conceptos extra-literarios, en formulas de ficción.

«Dos hombres sin historia» dedicado al crítico Ricardo A. Latcham, que había comentado favorablemente su novela *Hombres sin mujer*, está basado en un hecho cierto y es autobiográfico.

Con un amigo cubano Montenegro se embarcó de palero de carbón en un barco en tiempo de la Primera Guerra Mundial, sin que ambos conocieran el oficio. Un día, por una riña, Montenegro golpea con la mano abierta a su compañero y éste herido cae de frente al carbón que se apilaba en la bodega. Muchos años más tarde, estando preso Carlos Montenegro en la Habana, lo mandan a buscar al «rastrillo» —puerta de la cárcel— de la prisión porque había un policía judicial que quería verlo:

—Me he enterado que estás aquí y he venido a verte. ¿No me conoces?
Montenegro le contestó:
—Chico la verdad es que no.
—Mírame la cara.
Y mostró una cicatriz negra en el cachete... Entonces lo reconocí y charlamos amigablemente.[6]

El autor me ratificó la autenticidad del escenario: los oficiales con armas a la cintura y la tripulación compuesta de chilenos, mexicanos, cubanos y otras nacionalidades, bajo un regimen dictatorial represivo donde como en la sociedad había una jerarquía y él y su compañero pertenecían a la más baja: paleros de carbón.

En la ficción, un narrador en primera persona relata el suceso en un *flash back* cuyo punto de partida es la visita del amigo del barco a quien no reconoce al principio, como se expresó que pasó en la realidad. El hombre muestra una herida en la cara pero el protagonista no recuerda habérsela hecho al amigo sino al déspota ingeniero:

> ...¿cómo puede ser, cómo es que ahora se me presenta este compañero del «Altamón», con esa herida tatuada en el rostro?... ¿Es que Jaime me pegó a mí con la pala y yo lo golpeé a él?... ¿Por qué iban a suceder las cosas así, tan sin interés?...[7]

Tendencia natural a sublimizar una conducta que los años habían tratado de reprobar.

Jaime en la historia es un sastre, en cambio el protagonista es un cuentista y para Montenegro un cuentista es un sastre imaginativo porque cose, remienda y surce hechos inventados y reales. El tiempo cambia a las personas, los que están ahora contándose las anécdotas no son los mismos de veinte y tres años atrás. Hay énfasis en la línea divisoria entre la realidad y la fantasía:

> Pero él estaba dando una versión extraña, diferente, a pesar de lo cual no parecía mentir; sencillamente, él era otro hombre. No un impostor, no: *otro hombre*.[8]

El cuento esta construído con párrafos descriptivos y diálogos, pero la mayor parte son monólogos del protagonista con disquisiciones filosóficas sobre la vida y sobre problemas sociales.

Jaime dice ahora que la herida se la causó un ingeniero salvaje. El protagonista cree que él golpeó al «salvaje». Los hechos fueron distintos en la realidad: ambos riñeron. De ahí la cicatriz que uno muestra y el origen de la versión sublimizada de ambos.

Se hace referencia al trabajo cruel de los extranjeros en barcos durante la guerra sin estar sindicalizados. En la referencia al «otro yo», se confunde el protagonista y no encuentra la frontera entre la realidad y la fantasía.

> ...Es curioso lo que me sucede ahora al narrar estos recuerdos. No puedo decir claramente cómo sucedieron las cosas. Todo se mezcla, y tengo que hacer revisión de todos mis recuerdos porque tal vez, ni esto, ni las otras cosas que les he contado a mis amigos, sucedieron tal como las narro...[9]

El narrador dice más adelante como un muro que contenga las dudas que el amigo le crea:

> ...Nada, lo mejor que hago es no encontrarme más con este testigo de antes, o acabaré por ver rodar todo el bello mundo que me he creado y que él se ha creado también...[10]

Más adelante el protagonista expresa:

> ...Pero nadie quiere ser como es, y se pone uno a inventar leyendas, a inventar periscopios y monstruos humanos, lo que a nadie le hace falta; mientras se amontona, en la indiferencia, la oscura tragedia de los hombres.[11]

La cita no tiene desperdicios y es importante pues en cierta forma es una teoría del escritor Montenegro extraída de su propia vida llena de accidentes, como un torbellino. El concepto es claro, Montenegro escribe como para provocarse una especie de catarsis, como una sublimación para borrar definitivamente los fantasmas que le habitan. Una forma de exorcismo de sus propios demonios.

«Dos viejos amigos» tiende a justificar la vida como una rueda que al girar y girar arrastra al hombre a un sinnúmero de situaciones imprevistas donde su voluntad no ejerce ningún control, a la vez esta misma particularidad de un estado vertiginoso crea en el ser humano, produce, sentimientos de inconformidad cuyo único medio de contrarrestar es la invención, la creación de leyendas.

«Dos hombres sin historia» refleja por otro lado la condición histórica del escritor en los momentos en que él escribe y su condición política. Se insiste en el ataque al imperialismo «yanqui»:

> ...Por otra parte el timo mayor que se ha conocido es la democracia de los yanquis. Si usted no lo sabe, dese una vuelta por la Florida, por Massachussetts, o por Georgia. Nada más que una

vuelta. Pero si tiene las entendederas tupidas y cree que el negro nació para esclavo o para racimo, métase en el «Altamón» [nombre del barco donde trabajaba el protagonista], de palero, y verá usted qué cara tiene la democracia de los amigos del Norte...[12]

Conviene recordar que Carlos Montenegro abandona el Partido Comunista cubano después de publicado *Los héroes*.

Conversando con Carlos Montenegro sobre el cuento «Hay que matarlo», me informó que no era un relato bien logrado, que realmente de hacer una revisión del libro lo eliminaría o transformaría tal como ha hecho con otros de los cuentos ya comentados de su primer libro *El renuevo y otros cuentos*, y de su segunda colección *Dos barcos*. Indudablemente Montenegro tiene razón porque el cuento que tiene una historia original, carece de tensión dramática y el impacto final demasiado abrupto no justifica una narración anterior cuyas acciones están congeladas por largos tiempos descriptivos y marginales al relato.

Un perro rabioso en el relato muerde a Horacio, hijo de un peón, y el animal desaparece. Algo parecido sucedió anteriormente y el perro, que tenía rabia, contaminó a varios en el pueblo que murieron a consecuencia de ello. La gente del valle se excita ante lo acontecido y quieren tomar medidas para evitar que se repita el hecho anterior, ya que este perro último también tiene rabia. Cuando los habitantes del valle le comunican al padre de Horacio, Bernabé, que tiene que sacrificar a su hijo, que de todas maneras ha de morir, antes de que contamine a otros en la región, Bernabé contesta que su hijo Horacio no tiene la enfermedad porque ya él lo ha matado; y añade que el perro rabioso también yace muerto cerca del cadáver de su hijo.

El escritor rioplatense Horacio Quiroga manejó esta temática en el cuento «El perro rabioso», escrito en 1910, pero en Quiroga la tensión narrativa es mucho más importante y hace actuar el desenlace narrativo como un equilibrio de ritmo.[13] Otra diferencia es que la síntesis descriptiva del autor de *Anaconda* se contrapone a distracciones costumbristas y sociales en las que abunda el cubano Carlos Montenegro.

Con «La ráfaga» se cierra el volumen de *Los héroes*. Es una denuncia de la explotación campesina hacia 1930, posiblemente en época del presidente Gerardo Machado.

Comienza la historia con una descripción del alba en un pueblo rural y se usa el sol a la manera de una cámara fotográfica o cinematográfica, para enfocar o iluminar los objetos que van cobrando vida en la narración. La cámara se detiene en un *close up* de Bernabé, el campesino cosechero o jornalero. Luego sigue los movimientos de éste cuando sale del pueblo sigilosamente: «...pegándose a las paredes, escapando del haz de luz, inclinado sobre sí mismo, hurtando el cuerpo, como un ladrón.»[14] Parece que huye de algo, toma un trillo y se interna en la maleza. Entonces sintiéndose libre en medio de esta soledad del amo que despóticamente regía en sus dominios dando órdenes con el látigo en la mano y haciéndoles creer a los pobres jornaleros que la tierra que labraban era tan suya como de él, se pone a trabajar en una huerta clandestina que posee. Es día domingo y Bernabé burla la ley patronal. Azada en mano laboraba en el sembradío cuando inesperadamente es sorprendido por el dueño de las tierras. En un acto de violencia rebelde cuando el amo lo maltrata físicamente da muerte a éste con el instrumento de labranza que tenía en la mano. El campesino huye desesperado escondiendo un crimen que nadie había visto y olvida en la premura recoger su sombrero que había dejado en la tierra. Una ráfaga de aire, un viento imprevisto hace volar el sombrero de guano que cae luego al suelo y rodando como un disco entre la yerba se detiene ante el obstáculo del cuerpo sin vida de don Gumersindo. Otro golpe de aire y el sombrero se voltea y cae cubriendo la cara del terrateniente muerto. El destino le había jugado una mala carta a Bernabé.

La denuncia social que elabora Montenegro en la narrativa es evidente: la pobreza del campesino que para proveerse de alimentos necesitaba ocultarse de las fuerzas represivas de una patronal despótica.

La teoría vuelve a enmarcar a Carlos Montenegro dentro de su militancia, sin embargo, y por lo que se ha visto en cuentos de esta naturaleza, existe una evidente contradicción. Si se reflexiona que toda transformación social tiende a cierto cientificismo de la voluntad humana: ¿Cómo es posible hacer participar en la solución de la vida un elemento tan determinante como el azar? ¿Cómo es posible creer en una revolución social cuando la vida del hombre depende de un destino que desconoce y que lo prefigura?

NOTAS

1. Carlos Montenegro, *Los héroes* (La Habana: Ediciones Caribe, 1941), pp. 28-29.
2. Ibid., "El agachao", p. 78.
3. Ibid.
4. Ibid., "La mar es así", pp. 104-105.
5. Ibid., p. 111.
6. Entrevista entre Carlos Montenegro y el autor de este trabajo.
7. Montenegro, *Los héroes*, "Dos hombres sin historia", p. 139.
8. Ibid., p. 126.
9. Ibid., p. 137.
10. Ibid., p. 139.
11. Ibid., pp. 132-133.
12. Ibid., p. 131.
13. Horacio Quiroga, "El perro rabioso", publicado en *Caras y Caretas*, el 1ro. de octubre de 1910. Recogido en la Primera Edición de *Cuentos de amor, de locura y de muerte*, 1917; y suspendido desde la Tercera Edición, 1925.
14. Montenegro, *Los héroes*, "La ráfaga", p. 166.

Capítulo VI

HOMBRES SIN MUJER

El azar, que según Carlos Montenegro juega un papel importante en su vida, lo convierte en escritor de novela. Como expresamos anteriormente en el Capítulo II, *Hombres sin mujer*[1] se inició como un cuento que el autor iba a enviar al criminólogo español Jiménez de Asúa a Viena en donde se celebraba un congreso de jurisconsultos que tenían en su agenda la discusión de la reforma penitenciaria. «En veinte y ocho días de trabajo sin fatiga brotó espontánea la obra»,[2] nos dijo el escritor.

Hombres sin mujer está publicada en México por la Editorial Masas en el año 1938.[3] La obra está dividida en veinte capítulos titulados, y un prólogo del autor. Cada capítulo trata un tema diferente a los que dan unidad y continuidad los personajes: Pascasio y Andrés Pinel, que forman lo que pudiéramos llamar la columna vertebral de la narración; secundados por José Díaz, alias «La Morita»; Brai, Manuel Chiquito, Valentín y otros que coadyuvan en ciertos episodios.

El tema de la obra es la homosexualidad en las prisiones. En la literatura hispanoamericana son muy raras las narraciones sobre la homosexualidad masculina, tema que empieza a sugerirse en la ficción en los años 1938, después de popularizada *Hombres sin mujer*. En este sentido la novela de Montenegro es pionera y tiene muchos puntos de contacto con la novela del peruano José María Arguedas, *El Sexto*,[4] la cual se desarrolla también en un ambiente carcelario. Sobre este tema y en este ambiente ha aparecido recientemente la novela del argentino Manuel Puig, *El beso de la mujer araña*,[5] El chileno José Donoso publicó en 1966 su novela *El lugar sin límites*,[6] que también trata un tema de desviación sexual, la historia de un travestista.[7]

Es interesante señalar que en los Estados Unidos la palabra homosexual no aparece oficialmente en los libros de prisiones hasta el año 1937.[8]

Cuando el libro *Hombres sin mujer* sale, recibe la misma acogida que el primer cuento que escribió Carlos Montenegro. Los temas que trataban eran tabú para la sociedad de entonces. Ambos reciben mejor acogida en París que en Hispanoamérica, recordemos que de acuerdo con su autor, «El resbaloso» fue publicado en el *Fígaro* de París; y su novela fue editada dos veces en Francia por la colección «La Terre Vivante», con un prólogo de George Pillement.[9]

La novela que tuvo éxito y por la que Montenegro se hizo famoso tuvo una historia de entretelones:

> Venía disgustado —me informa Carlos Montenegro— porque acababa de saber que el jurado había renunciado. Yo concurría con *Hombres sin mujer*, y conociendo al jurado tenía esperanzas de ganar el premio. Un rumor que llegó hasta mí me informaba que la causa de la renuncia se debía a la presentación de mi novela, que creyéndola hasta cierto punto aceptable, el lenguaje usado por mí la hacía impropia de un concurso oficial. Por puro accidente me encontré con tres de los cuatro miembros. Todos realmente capaces y aún adscriptos al llamado «Grupo de Avance». Antes de que yo aludiera al asunto de la renuncia, uno de ellos, al parecer hablando por los otros dos, me dijo: «—Pero por Dios Montenegro, no sabes aún que por algo se ha inventado el eufemismo.» Yo no me caracterizo por la oportunidad de la réplica, pero en aquel momento mi mucho saber de lo que se trataba, me iluminó: —Sí, lo sé, y en presidio, aunque ustedes lo ignoren se usa mucho, por ejemplo: al pene se le llama «la paradoja».[10]

De lo que se deduce que *Hombres sin mujer* no obtuvo el premio, y no lo recibió precisamente por el lenguaje, por la utilización de un vocabulario no «oficial» o social.

En el prólogo a su libro Carlos Montenegro va a dejar sentado de una vez y para siempre que su novela no persigue una finalidad estética y sí la protesta y denuncia de un sistema: «...El que acuse estas páginas de inmorales no olvide que todo lo que ellas dicen corresponde a un mal existente...»[11] Estamos en presencia de un escritor que va a narrar hechos que vivió y a usar las mismas palabras que escuchó, a costa incluso del éxito literario, el que no persigue y que, sin embargo, obtiene sin pretenderlo.

Carlos Montenegro comentó que no sólo se le criticó el lenguaje usado, sino también la falta de gramática de sus escritos. El autor usó contra sus detractores la anécdota de Pío Baroja contada por Ortega y Gasset en su obra bajo el título: «Baroja tropieza en Coria con la gramática,» en la que el médico escritor redactando *Paradox rey* no sabía si poner: «...bajó de zapatillas, o bajó con zapatillas o bajó a zapatillas...»[12]

El lector es llevado en la novela a un viaje de horror y de barbarie de la misma manera que Dante fue llevado por Virgilio a ver el infierno. De esta manera podremos ver la «trampa» de los ingresos (nuevos prisioneros); las viejas y solitarias prácticas del viejo don Pancho; las bravuconerías de Pascasio; las intrigas de Candela; las cazurrerías del gallego Prendes; las lascivas zalamerías de «La Morita»; la agonía del pobre Chichiriche; la metamorfosis de Andrés; el poder sin escrúpulos de Manuel Chiquito; los infortunios de «La Chambelona», «Cayo hueso», «Comencubo» y otros.

Carlos Montenegro presenta una galería de personajes concebidos tal y como son, con todas sus perversiones, traídas o ampliadas en un ambiente corrupto, con sus vicios, sus miserias, sus sueños o sublimaciones, sus insanias, sus lacras; todo dentro de un sistema socio-lingüístico. Hombres presos viviendo en sus propias sombras y sin noción apenas de la culpabilidad que los retiene allí. Este cuadro de bestialidad inhumana se convierte en esa angustia estructural que es *Hombres sin mujer.*

La concupiscencia que se relata en la novela es legítimamente inconcebible, como sucede en *El Sexto,* de José María Arguedas, para cualquier mente y para cualquier persona que tenga libertad sexual; pero no para prisioneros que ven maniatadas su razón y su libertad.

La novela está escrita en un lenguaje preciso. Lenguaje

coloquial lleno de cubanismos y germanías. El narrador ubicuo en tercera persona surge muchas veces en medio de conversaciones. Podría decirse que la constante obscenidad del diálogo y la narración es parte integrante de una consciencia que se desnuda sin pudibundeces.

La novela se desarrolla en un espacio físico cerrado que es la prisión, el que se empequeñece más aún en ciertos episodios que tienen lugar en la enfermería, en la galera o en las celdas individuales. El tiempo de la acción es lineal y cronológico con interrupciones de reminiscencias y *flash back*, que en nada alteran la trama principal y sólo sirven para dar una nota costumbrista o histórica de Cuba, como cuando se ataca al imperialismo norteamericano; o a los jueces; o a los militares.

El prólogo, que copio, ejemplifica mejor lo que se viene diciendo:

> Preferiría este libro sin palabras preliminares; que el lector entrase en él con la misma ignorancia e imprevisión de lo que va a leer que caracteriza, respecto al presidio, al sentenciado a cumplir una condena. Pero juicios previos a su publicación me fuerzan a considerar tal preferencia. Debo decir, antes que nada, que no es mi objetivo el logro de un éxito literario más o menos resonante, ya que para ser leído con complacencia hubiera tenido que sacrificar demasiado la realidad, limitando con ello las posibilidades de alcanzar lo que me propongo, y que es la denuncia del régimen penitenciario a que me vi sometido —no por excepción, desde luego— durante doce años.
>
> Bajo este punto de vista —y no habiendo variado en lo fundamental el crimen colectivo que intento denunciar—, considero un deber ineludible describir en toda su crudeza lo que viví. El que acuse estas páginas de inmorales, que no olvide que todo lo que dicen corresponde a un mal existente, y que por lo tanto es éste, y no su exposición, lo que primeramente debe enjuiciarse. El gusto contrariado o el pudor ofendido, que no traten de pedirme cuentas por lo escrito, sino que se les exijan a los que hacen posible, en plena civilización, la existencia de estos antros que gentes ingenuas o criminalmente despreocupadas, insisten en llamar reformatorios. No me interesa quien se sonroje o indigne por la lectura de estas páginas, mientras se considere ajeno a la realidad ominosa que divulgan: a su agitada moral de superficie opongo, en la medida de mi capacidad, el propósito auténticamente moral de desenmascarar la ignominia que supone arrojar al pudridero a seres que más tarde o más temprano han de regresar al medio

común, aportando a éste todas las taras adquiridas; opongo también la desesperación de esos seres, su dolor humano y su inevitable regresión a la bestia; opongo el interés mismo de la humanidad.

Ahora bien, no vacilo en colocar mi libro ante la crítica de las personas capaces de inmutarse y de sublevarse, aunque ello suponga que también mi procedimiento y aún mi veracidad serán enjuiciados; pero a ellos voy, más que como escritor, como un hombre que perdió los mejores años de su juventud en el reformatorio que ahora denuncio.

La Habana, 1937.

(pp. 7-8)

Hombres sin mujer comienza detallando el ambiente físico en el que van a tener lugar los hechos. Con economía de palabras, Carlos Montenegro, a través del narrador y un par de personajes, nos introduce a los dos temas que marcan la pauta de la novela: el presidio y la homosexualidad. Para ello se vale del personaje Pascasio que despierta en la prisión una mañana como lo ha venido haciendo durante ocho años, sin que nada haya cambiado. Por otra parte Valentín, un mulato con psicosis racista, loco, cuya enfermedad no lo exime de los complicados vicios, pasiones y necesidades del resto de los reclusos, grita: «...—Yo quiero comer ganllinan (sic) blanca...»[13], refiriéndose a las relaciones sexuales con un hombre de la raza blanca.

Partiendo de estos hechos el autor se adentra en la historia de los personajes principales que desarrollan la acción, y que como se dijo, dan unidad a los capítulos que se suceden como episodios.

Pascasio, después de ocho años de incorruptibilidad carcelaria se enamora perdidamente de un nuevo preso, Andrés Pinel, al que codician otros detenidos influyentes. La tensión en la novela se produce por la lucha de los encarcelados por poseer a Andrés hasta que sólo quedan los más fuertes y entonces se produce el eterno triángulo amoroso: Manuel Chiquito, Pascasio y Andrés. Por defender Pascasio a Andrés Pinel es castigado y confinado a una celda solitaria. Andrés para obtener el perdón del castigo que se le dio a Pascasio, ofrece su cuerpo a Manuel Chiquito con la condición de que éste a través de su influencia en el penal, libere al negro de los sufrimientos que por él padece en la celda de los incorregibles. Cuando Pascasio sale en libertad de la penitencia, sorprende a Andrés cumpliendo lo pactado con Manuel Chiquito. Pascasio en un rapto de celos mata a Andrés y se suicida muriendo en brazos de Brai, el preso que era líder de la galera y el que verdaderamente había obtenido la cancelación del castigo de Pascasio. Termina la novela en forma circular al aparecer de nuevo el mulato loco Valentín gritando las mismas palabras que al comienzo de la narración: «...—Yo quiero comer ganllinan blanca!...»[14] El autor tiende a demostrar, al margen de un círculo vicioso, que las desviaciones sexuales que existen en esos espacios cerrados y limitados que son las prisiones, funcionan como válvula de escape de una necesidad fisiológica y también para regodeo de ciertos desorientados sexuales.

Me informó Carlos Montenegro que no hay nada que pueda sustituir la falta de libertad en el preso. Que la primera impresión que de la cárcel recibe un recluso es de asfixia, de degradación al verse reducido a un número; la segunda es la incógnita de cómo va a satisfacer sus impulsos sexuales.[15] Pascasio, que es el protagonista de la novela, el que la inicia y concluye, representa al típico preso común condenado a largos años. Reducido a la abstracción de un número, se ha moldeado a la situación imperante con una excepción: rechaza la homosexualidad masculina. Para no estar en la pederastía reinante sueña y fantasea, encontrando un escape sexual mediante la masturbación:

> ...¿Cómo era posible que un hombre se pusiera a enamorar a otro?... Había acabado por reírse a carcajadas... ¡Vamos! Él también tenía con qué... Y sangre... Y potencia... Y... ¡rayos! Mas, cuando estaba muy desesperado soñaba con Encarnación, con Tomasa, con un palo de escoba que fuera, y, listo, ¡para la próxima!... (p. 16)

Así explicaba Pascasio su aislamiento sexual de los otros encarcelados.

En los penales abundan los afeminados por naturaleza, como «La Morita»[16], y también los afeminados por conveniencia como «La Duquesa», por lo que resulta casi imposible resistir por mucho tiempo la soledad sexual. Por una frase interpolada el narrador comenta:

> ...El hombre privado de mujer año tras año acaba por descubrir en otro hombre lo que echa de menos, lo que necesita tan perentoriamente que aún en sueños le hace hervir la sangre, y despierto le coge todos los pensamientos y forma con ellos un mazocote que dedos indivisibles moldean de mil maneras, todas apuntando a lo anormal, a la locura... (p. 16)

Pascasio es un hombre de la raza negra que durante ocho años ha permanecido incorruptible y reservado hasta que dos encuentros que acontecen prácticamente en un mismo tiempo, precipitan su caída moral. El primer encuentro tiene lugar cuando «La Morita» tratando de seducirlo produce comentarios en la prisión que Pascasio rechaza, y para dar un mentís rotundo a la versión que circulaba abofetea públicamente a «La Morita». Por este incidente son conducidos ante las autoridades y al ir a pasar ambos a través del estrecho marco de una puerta sus cuerpos se rozan. Este contacto fortuito libera resortes contenidos en él —Pascasio— que ignoraba y su voluntad flaquea. Ya lo había dicho el escritor en el relato: «...el sexo está en todo...»[17] El narrador omnisciente reflexiona por Pascasio:

> Estaba desorientado. Lo acababa de sentir tembloroso en el segundo en que sus cuerpos se unieron al cruzar la puerta... ¡Si le hubiera hablado!... Y ¿por qué no? Después de todo, ¿qué? (p. 47)

Uno de los personajes, Brai, el encarcelado líder de la galera, explica y justifica esta conducta en la cárcel, de la que él participa viviendo con «La Duquesa», un afeminado o «lea» —en Cuba el sustantivo lea se usa como sinónimo de muchacha— por conveniencia. En una conversación que mantiene con Manuel Chiquito éste dice:

> —Compay, no responda por nadie. Cuando uno lleva aquí más de lo natural, le comienza una picazón en salva sea la parte, que no sabe si le llegó la hora de templar o de que se lo tiemplen. (p. 30)

Brai le responde:

—¡A mí no me picó nada! Esas son pajarerías... Los cabrones se empeñaron en que yo no saliera de aquí y ya estoy demasiado viejo para vivir como el caballo americano: a paja seca. Pero ¿a qué picazón le voy a echar la culpa? ¡Un rayo que parta a todos! Lo hice porque me dio la gana... (p. 31)

Otro penado, Matienzo, abunda sobre el tema, y de ahí la frase que sirve de título a la novela:

—¿Sabes lo que nos pasa a todos? ¡Sí, eso es! ¿Sabes lo que nos pasa? ¡Qué somos los hombres sin mujer!... Aquí no hay degenerados; hay, solamente, hombres sin mujer... Eso es todo... (p. 59)

El segundo encuentro o instante que altera la vida de recluso de Pascasio se produce cuando un nuevo preso ingresa en la cárcel y es enviado a recoger a un muerto. Pascasio ayuda en la tarea. Esta asociación: Pascasio-Andrés-sarcófago o muerto, parece un símbolo premonitorio que el escritor siembra en el relato para darnos a entender que la asociación: Pascasio-Andrés terminará con la muerte de ambos. La situación se fija así: Pascasio Speek ante los requiebros amorosos de «La Morita» y las miradas sensuales del preso novato, reacciona subconscientemente; en su ser brotan sensaciones que no puede identificar ni controlar, sino simplemente sentir, y así adquiere el trauma psicológico que lo lleva a la tragedia; sin embargo frente al sarcófago reacciona de otra manera:

En la confusión de sus ideas se sucedían las imágenes hasta que retuvo la de Andrés...
Sin apartar su atención de la imagen indefinidamente sugestiva, estiró sus músculos en un vago deleite y entonces sintió, muy lejano que gritaban su nombre... Recordando a lo que había ido allí, cogió un sarcófago y se lo echó al hombro, teniendo al hacerlo, la rara impresión de que conducía su propio cadáver. (p. 61)

Como expresamos anteriormente, Andrés era la presa codiciada de varios poderosos presos que tenían influencia con las autoridades de la prisión. Cuando Andrés trata de resistir los requerimientos amorosos de éstos, le castigan con todos los medios disponibles para obligarlo a claudicar sexualmente. Pascasio trata de protegerlo y surge el incidente que conduce a Pascasio a la celda de los incorregibles y a castigos inhumanos: Candela siguiendo instrucciones de Manuel Chiquito somete a crueles trabajos a Andrés. Pascasio sale en defensa de éste y reta a Candela, este último abandona el sitio y hace la denuncia a las autoridades competentes. El hecho de esta acusación lo conocemos, y el enfoque narrativo persigue ahora a Andrés y a Pascasio en una situación homosexual:

>   —Estás loco, pero...
>   No pudo terminar la frase; el brazo de Pascasio lo había envuelto y atraído hacia sí, confundiendo las dos bocas. Andrés no opuso resistencia alguna; cerró los ojos abandonándose, hasta que Pascasio asombrado de lo que hacía, lo soltó... (p. 165)

Pascasio actuaba así impulsado por el instinto. Estaba confundido. Las fuerzas interiores tantas veces reprimidas se desbordaron. La pasión es un torrente avasallador que no tiene frenos ni lógica. Este hecho era la culminación de ocho años de vigilias, sueños, cavilaciones, de sentimientos contradictorios, de emociones que ahora se hacían incontrolables ya que el onanismo no era suficiente para calmar su apetencia táctil de otro cuerpo y desde ahora en adelante sólo quiere compartir sus deseos con Andrés. Pascasio se había enamorado:

>   ...El insomnio de la noche pasada, todavía le pesaba sobre los hombros, como si los sentimientos contradictorios que experimentó se le hubieran ido amontonando sobre las espaldas. Todo lo que hizo para engañarse fue inútil... Sí, aquello era distinto a lo que él sintió cuando tuvo el primer encuentro con La Morita; distinto a todo lo anterior que había vivido; pero indiscutiblemente, era el amor... (p. 154)

El narrador comenta después de estas reflexiones del personaje:

>   ...El Pascasio de la resistencia había muerto; había esperado hasta el último minuto, hasta que su última energía se había roto, pero él no podía bajar los escalones uno a uno como los demás, ni seguirse engañando... Ya no establecía diferencia, desde mucho antes, entre lo que era y no era moral; ahora no le interesaba si estaba dentro o fuera de lo natural lo que sentía... (p. 155)

Por el incidente de la limpieza de la cocina Pascasio es llevado a un juicio en el que no se defiende, ni nadie lo defiende, por lo que es condenado a la celda de los incorregibles, dejando a Andrés a merced de sus adversarios amorosos. Allí es maltratado el negro hasta la saciedad por su espíritu rebelde. Golpeado, azotado con mangueras en los pulmones para tuberculizarlo.[18] Pascasio permanece colgado de la pared inconsciente, sin luz, en soledad absoluta solamente rota por la permeabilidad de los chismes y rumores que hacen más angustioso su estado y cuyo mayor castigo consistía en estar alejado de Andrés.

Efectivamente, Andrés acusado por «La Morita» de ser el causante de las desventuras de Pascasio, anda en tratos con Manuel Chiquito para entregársele siempre y cuando con sus influencias libere de sus torturas a Pascasio, al que ama. «La Morita», que sigue infructuosamente enamorado de Pascasio realiza gestiones por su parte; pero es Brai, el líder de la galera de Pascasio, el que logra su libertad. Esto no lo llega a saber Andrés.

El día que Pascasio es sacado de la celda de los incorregibles le asignan como trabajo el sinfín —serrucho eléctrico— de la carpintería, taller en donde labora ahora Andrés. El jefe de esta sección sobornado por Manuel Chiquito actuaba de celestina e iba a propiciar que durante la hora de almuerzo que se cerraba el taller se quedaran adentro Andrés y Manuel para entregarse a prácticas homosexuales.

Al cierre del taller a la hora de almuerzo Pascasio trata de reunirse con Andrés. Cuando no lo encuentra en el patio obtiene una llave de la puerta de la carpintería. Al entrar sorprende a Manuel y Andrés juntos, este último había sido forzado a cumplir lo pactado con su perseguidor.

Pascasio así pierde la razón ante un arrebato de celos, frustración y odio; y todo el primitivismo de su ser sale a flote, lo que Montenegro llama en el prólogo «inevitable regresión a la bestia»[19] y agrede violentamente a Andrés hiriéndolo de muerte. Acto seguido echa a andar la sierra eléctrica y se corta la mano con que dio muerte a Andrés Pinel, y desangrándose sale fuera del local donde es recibido por los brazos de Brai en donde muere. Este con lágrimas en los ojos exclama:

—¡Y yo que pensaba en ti para que ocuparas mi puesto! ¿Qué me hago ahora *tan viejo y tan cansado* como estoy? (p. 236)

Un personaje que comparte el papel principal con Pascasio es Andrés Pinel. Cuando éste entra en el penal el oficial de guardia le hace su hoja de ingreso donde lo describe físicamente, no sin antes vaticinar desgracias:

—Pronto tendremos a éste por aquí enredado en algun chisme. Prefiero mil viejos resabiosos a un chiquito de éstos con cara de putica. Ahorita van a querer ver enamorados por todas partes.
Después hablándole a él, añadió:
—Ándese derechito y no se fíe ni de su madre; después que se meta en un berenjenal no vaya a venir aquí pidiendo auxilio.
Al brigada le había visto la misma cara que a los presos; igual cinismo detrás de los ojos, cuando lo desnudaron para anotar en la tarjeta de identificación las señas particulares de su cuerpo.
«Edad: 18 años.
Color: blanco.
Estatura: mediana.
Peso: ciento veinte y cinco libras.
Ojos: claros.
Pelo: rubio.
Facciones: regulares.
Señas particulares: un lunar en la tetilla izquierda.»
El brigada le había levantado los brazos, mirándole las axilas, después lo hizo ponerse de espaldas e hizo un comentario que el muchacho no entendió, pero que provocó risas al preso anotador, que le hicieron enrojecer.
—Nada de particular —añadió el brigada—, digo, mucho de particular. (p. 100)

De acuerdo con la novela, la entrada de nuevos presos, principalmente si eran jovencitos, era causa de regocijo en la población penal, porque creaba entre ellos nuevas esperanzas de enlaces sexuales y amistad. Un muchacho nuevo era deseado como una virgen en un lupanar; éste era el caso de Andrés y lo que lo convierte en rival de «La Morita»; en el amor de Pascasio; y en la codiciada presa de los pederastas del plantel.

> ...la diferencia que existía entre un muchacho nuevo y otro ya maleado... Mientras el uno, exigente como una querida, no hacía más que celar y comprometer, el otro, el novato, estaba lleno de temblores y de lágrimas. Había que trabajarlo bajito, engañándolo; fingiéndole protección, después amistad; más tarde comprometerlo poco a poco, hasta que se encontrase enredado por todas partes, como una mosca en una telaraña... (p. 32)

Esto explica el constante e intenso asedio que sufrió Andrés Pinel. El primer jefe de presos que tuvo, el jefe de los ingresos, comenzó a sonsacarlo, a enamorarlo al modo de la prisión y después Manuel Chiquito, Pascasio y otros que ocultaban sus deseos ante los poderosos candidatos.

La seducción de un preso por otro preso que relata Montenegro en su novela *Hombres sin mujer* es un proceso que no ha cambiado a pesar de los años o la geografía. León Radzinowickz y Marvin E. Wolfgang, en su libro *Crime and Justice*, comentan:

> Homosexuals favors can be purchased with luxuries such as cigarettes, sedatives, stainless steel blades, candy or extra food pilfered from the kitchen...
> In some instances male prostitutes are created by a combination of brivery, persuasion and the threat of force...[20]

Andrés Pinel no fue una excepción a este cuadro de operaciones. El interés que despertó su entrada en la cárcel se demuestra en uno de los diálogos:

> —¿Fuiste a ver a los ingresos de hoy? Dicen que ha entrado una clase de rubito que parte el alma. Bueno, yo lo vi, es una verdadera lea. Ya Manuel Chiquito lo está trabajando y le mandó cigarros y una lata de leche; ...(p. 12)

Andrés estaba predeterminado y como expresamos anteriormente, Matienzo, el jefe de los nuevos presos, hace los primeros avances y trata de seducir al joven durante un descanso de las labores. La táctica, como dijimos, es siempre la misma: comienza ofreciéndole protección y ventajas y...

> ...la soledad y timidez del muchacho lo habían enardecido; cruzado de súbito por un pensamiento lascivo, sin darle tiempo para que se defendiese, lo cogió entre sus brazos y lo besó rabiosamente en la boca.
> Siguió un segundo en que la vida se paralizó en los ojos cerrados del adolescente. Casi al borde del abandono estremecido, los puños de Andres se clavaron en el tórax del macho y lo rechazó con violencia...
> —¡Canalla! (p. 57)

Después de rechazarlo e insultarlo, Andrés escupe rabiosamente limpiándose la boca. Matienzo trata de justificarse y dirigiéndose a Andrés dice:

> ...Tú no eres una mujer, pero... pareces menos hombre que los que estamos aquí y tendrás que pasar tu dolor de cabeza de vez en cuando... (p. 59)

Andrés Pinel no tiene escape, pues como dice el narrador: »...¿A dónde ir, si el ir, precisamente, estaba prohibido por la ley?...»[21] La condena es larga y la seducción no cesará. «Comencubo», uno de los presos, sintetiza el predeterminismo del recluso en medio de un diálogo:

> —Yo no confundo a nadie. Pero sé que ésta es la casa del jabonero: que el que no cae, resbala. Si no, al tiempo; aquí ni los *ocambos* se escapan; ... (p. 14)

Donald Clemmer en su artículo «The process of Prisonization» publicado en el tercer volumen de *Crime and Justice,* dice, hablando sobre los efectos que ejerce la prisión en el encarcelado, que existe una tendencia a:

> ...
> 5. A blind, or almost blind, acceptance of the dogmas and mores of the primary group and the general penal population.
> ...
> 7. A readiness to participate in gambling and abnormal sex behavior.[22]

Como vemos el autor y los penalistas están de acuerdo en que el ambiente ejerce una tremenda influencia en el individuo preso. Andrés repele el primer asedio sexual a manos de Matienzo, pero no podrá soportar por mucho más tiempo la presión y los requerimientos que se manifiestan en todas sus formas: favores personales, invitaciones, trabajo forzado, coacción y coersión; todo lo cual llega a crearle una psicosis morbosa que disfruta a pesar del dolor que tal situación le produce. Andrés es muy débil y en estas circunstancias no puede mantener el equilibrio por mucho tiempo. Una de las veces que sale de uno de los castigos que le impusieron, reflexiona a través del narrador:

> ...El dolor físico lo calmó un poco. Tenía empeño en seguir guardando celosamente el secreto de su martirio, por el que se dejaba poseer morbosamente; en aquel momento, todo lo que tenía de femenino le salta a flote, como si ya le hubieran dicho las palabras consoladoras cuya existencia precisaba. (p. 131)

Como también apunta el narrador en el libro, en la cárcel el sexo está en todo, y Andrés comenzó a sentir urgencias sexuales; deseos, que satisfizo masturbándose cuando todos dormían. Sin embargo su conciencia lo intraquiliza cuando quiere explicarse la causa de su excitación sexual y salen del subconciente nombres como el de Matienzo, Manuel Chiquito y otros. Recriminándose piensa:

> ¿Sería posible que en él hubiera un anormal?...
> ...¿Saldría él de allí ya pervertido, como aquellos infelices que había visto en la cárcel, durante su prisión preventiva? (p. 56)

Gresham M. Sykes, en su artículo «The Pains of Imprisonment», bajo el subtítulo «The Deprivation of Heterosexual Relationships» dice:

> ...Latent homosexual tendencies may be activated in the individual without being translated into open behavior and yet still arouse strong guilt feelings at either the conscious level. In the tense atmosphere of the prison with its known perversions, its importunities of admitted homosexuals, and its constant references to the problems of sexual frustration by guards and inmates alike, there are few prisoners who can escape the fact that an

essential component of a man's self-conception —his status of male— is called into question. And if an inmate has in fact engaged in homosexual behavior within the walls, not as a continuation of an habitual pattern but as a rare act of sexual deviance under the intolerable pressure of mounting physical desire the psychological onslaughts on his ego image will be particularly acute.[23]

Y abundando aún más sobre el tema añade Sykes que la cárcel con su corrupción es terreno de cultivo para que el homosexual latente —que en un medio normal no desarrollaría su desviación sexual—, se convierta de la noche a la mañana en un homosexual activo con todas las agravantes y exageraciones que esto conlleva. Andrés Pinel era un homosexual latente y éste es su caso.

En la cárcel todo conspira contra el recluso que quiere permanecer incorruptible: los baños, las galeras dormitorios, la soledad, el trabajo, la comida, la enfermería. Ya observamos anteriormente como Pascasio Speek tardó ocho años en corromperse moralmente; Andrés, débil, adolescente, con un subconciente femenino, no tardará tanto.

Porque Andrés no accede a sus demandas amorosas, Manuel Chiquito ordena a sus compinches que lo doblegen por medio de trabajos forzados. El lugar seleccionado es la cocina en donde ocurre el incidente en el que Pascasio lo defiende, como ya se expresó. Concluído el suceso de las bravuconerías de Pascasio que relatamos en páginas anteriores, éste se acerca a Andrés y lo besa en la boca en un momento en que un solo recluso los observaba. Esta vez Andrés reacciona de una manera diferente a la primera en que Matienzo le hizo lo mismo. En vez de rechazar las caricias del «macho», se abandona a él. Ya no quedan dudas, Andrés acepta su papel femenino en la cárcel. Pascasio es castigado y aislado de sus compañeros. La conciencia culpable que se le crea a Andrés; tal vez sus ansias de ver a Pascasio de nuevo, lo empujan a hacer un trato con el preso más poderoso de la cárcel en cuestiones administrativas: Manuel Chiquito:

> ...entregóse a cavilar: estaba dispuesto a todo, pero, qué podría contra las fuerzas del presidio... Aún no había encontrado el camino justo cuando vio asomado a sus ojos el rostro cínico de su

> perseguidor... Éste ¿no lo podía todo? ¿No lo veía siempre alrededor suyo moviendo todos los hilos? Andrés no pensó en lo que pudiera ocurrir después; aunque fuera la muerte le importaba poco; Pascasio se había sacrificado por él, por culpa suya lo habían destrozado en las celdas; acaso estaría muriéndose en ellas mientras él permanecía sin hacer nada, cuando con sólo vencer su repugnancia, podía devolverle lo perdido. Se daba cuenta de que entre él y Pascasio se levantaría una barrera, pero dejaba al tiempo la aclaración de la verdad. Era en eso donde sentía a su compañero dueño de una fuerza capaz de comprender su sacrificio... (p. 206)

En este juicio se equivocó Andrés. Pascasio no perdonará ni entenderá la actitud de Andrés. La lógica nada tiene que ver con las pasiones o los instintos primarios de la raza humana. Manuel Chiquito no pierde la ocasión que tanto esperaba y moviendo los resortes a su alcance sitúa a Andrés en el taller de carpintería donde Costal, su encargado, era uno de los que giraban bajo su esfera de influencia.

> ...¿Y ahora?... Estaba en el taller después de haberse visto frente al rostro odioso y radiante de Manuel Chiquito que sabiéndose dueño de la situación, se había mostrado exigente hasta hacerlo caer en la desesperación.
> Las manos de Andrés, ya casi hábiles en la labor que hacían, se detuvieron nerviosas al pensar en lo que tenía cerca, a punto de realizarse... (p. 206)

Es aquí cuando inesperadamente hace su irrupción en la carpintería Pascasio y se produce el hecho criminal.

«La Morita», aunque no desempeña un papel principal es un personaje que está latente en todo el relato y sirve mucho para la coordinación y lógica narrativa. Su verdadreo nombre es José Díaz, pero en la novela lo tratan como a un ser femenino, posibilitando así dar más énfasis a su desviación sexual. Su actitud guarda muchas similitudes con «La Rosita» de *El Sexto* de Arguedas. En la novela es rival de Andrés por conquistar el amor de Pascasio. Es el típico homosexual declarado que habita en las prisiones y el que a pesar de su problema sexual no es débil de carácter y en cierto modo respetado porque sabe defenderse solo. Se diferencia de Andrés en que «La Morita» busca su presa, es el homosexual activo; Andrés es el requerido, es el homosexual pasivo o latente, que no hace alarde de su desviación sexual.

El narrador describe a «La Morita» en una escena en los baños:

> Recién abiertas las duchas La Morita entró en el patio. En una mano llevaba un banquito, una jabonera y una gran toalla de felpa, tan voluptuosa como él mismo; con la otra sostenía un pañuelo puesto sobre la boca tratando de ocultar los efectos de los golpes que recibiera de Pascasio. Buscó un lugar desocupado donde colocar el banquito, y comenzó a desnudarse despacio, abatiendo la barbilla sobre el pecho, como si cavilase. (pp. 83-84)
>
> Sus manos cuidadas, largas y finas, como las de una mujer, se demoraban en los botones de la guerrera. Cuando comenzó a desvestirse se cubrió púdicamente los hombros con la toalla y se volvió de espaldas a los presos que lo requebraban y que ahora, al verlo desnudarse, acaso por un exceso de imaginación, acaso porque, en realidad, había en las líneas de su cuerpo algo ambiguo, lo observaban como a una hembra. (pp. 83-84)

«La Morita» comienza a actuar en la novela como unida sexualmente a un preso «El Jíbaro», con el que rompe sus relaciones por haberse enamorado de Pascasio. Coincide esta última inclinación con la llegada de Andrés Pinel que finiquita los planes amorosos de «La Morita» y la transforman en rival de éste que indirectamente colabora a la tragedia que cierra la narración.

El folleto titulado *Homosexuality in Prisons*, bajo el subtítulo: «III. Homosexuality in Male Institutions», ayuda para establecer la diferencia entre «La Morita» y Andrés, puesto que afirma la existencia de hechos idénticos a los descritos por Montenegro:

> In the penal situation the insertee or passive partner is classified into two groups. Firstly, those who are «born» homosexual —the person who is homosexual on the outside and homosexual on the inside. A portion of these males, known as fags or fairies, are overt and obvious...
>
> The second major group of males who are a source of passive homosexual contacts in penal institutions are those who are called, in inmate argot, «punk» or «made» homosexuals...[24]

Para el tipo de homosexual que como «La Morita» habita la cárcel ésta no constituye una privación sexual, sino todo lo contrario, un ambiente mucho más propicio que el que podía encontrar fuera de la institución penal.

Como contracara a «La Morita», y en oposición, existe el homosexual por conveniencia. Este vive en la galera con el líder, duerme a su lado, sustituye a la esposa. Brai, el pederasta que funge de «macho» en las relaciones sexuales, hablando de su conexión con «La Duquesa» dice:

—Lo malo es que andamos todos revueltos: yo, rayos, que he nacido para ser un hombre libre, contigo, [Manuel Chiquito] que eres una rata de cloaca, siempre despretigiando muchachos; y con éste —Brai señaló para La Duquesa— que ni siquiera le sale ser afeminado y que se deja trajinar para estar en el grito, por no empujarse el rancho a pulso y para poder gallear con el corazón de los demás... (p. 31)

León Radzinowickz y Marvin E. Wolfgang refiriéndose al tipo que representa en la novela «La Duquesa» expresan:

Typically, an experienced inmate, or the leader of a young man's tormentors, will offer protection in return for a «housekeeping arrangement.» Many of these perverse marriages of convenience are consummate annually in the county prisons.

Similarly, many individual homosexual acts are possible only because of the fear-charged atmosphere generated by the ease and frequency with which sexual assaults occur. A threat of rape, express or implied, will cause an already broken or fearful young man to submit without physical resistance.

Some prison official are too quick to label such activity «consensual». They should recognize that a youth who parts with his manhood in the face of otherwise certain torture and ruin acts no more willingly than a merchant who parts with his money in the face of a gun.

A homosexual act is truly «consensual» only where both parties are motivated by their own desires without force, threat of force, or fear of force...[25]

Otro problema sexual de las prisiones lo señala Montenegro en su novela valiéndose de un personaje que es retrasado mental, Macaco, al que violan un grupo de presos hasta dejarlo inerte.

Carlos Montenegro narra gráficamente el asalto y la reacción del indefenso:

> Los incorregibles corrieron hacia el camastro de Sacundiambo. Éste yacía boca-arriba, semidesnudo, con los brazos abiertos en cruz y los ojos lánguidos; a su lado el anormal, con el rostro contra la pared, se reía, disimuladamente, diciendo a intervalos:
> —Tío, tío cochino... Cochino.
> —¡Mírenlo!
> —¡Nos dio la mala este desgraciado! —gritó el tocayo.
> —¡Se mando la jutía!
> El idiota se sentó en el camastro, amenazando tontamente a los presentes:
> —Tíos, hoy ya no más, ¿eh?
> —Vaya, vaya, ahora es de ustedes —dijo Sacundiambo, sin moverse—; no soy casa sola como ese Jíbaro... Aprovechen antes que se despierte...
> ...
> A la mañana siguiente, en la camilla en que transportaban al anormal a la enfermería, sólo iba un cuerpo inerte. (pp. 121-122)

El mismo libro *Crime and Justice* citado ratifica el hecho que denuncia Carlos Montenegro en los treinta, como otro de los tantos que aún se siguen cometiendo en las cárceles, principalmente en los Estados Unidos:

> ...Sexual assaults are a major cause of «consensual» homosexuality in the County Prison System. In many, if not in a majority of cases, both continuining and isolated homosexual relationships originate with a gang rape, or with the ever-present threat and fear of a gang rape.[26]

Los penalistas también señalan las características de los líderes de grupo en las prisiones, en especial Clarence Shrag cita:

> ...leaders have served more years in prisons, have longer sentences remaining to be served, are more frequently charged with crimes of violence, ... adjustment of the leaders are marked by significantly greater number of serious infractions...[27]

Como se observa, Brai reúne todas las características de líder que reclama Shrag. Como todos los prisioneros que llevan años de reclusos, vivía con «La Duquesa», quien le prodigaba favores sexuales a cambio de protección y otras ventajas. Brai libera de su castigo, por medio de su influencia, a Pascasio y sin intentarlo precipita la tragedia que da fin a la novela. Brai ya viejo pensaba que el negro valiente, e incorruptible durante ocho años, es decir Pascasio, era un digno sucesor suyo, de allí parten sus lágrimas cuando con sus brazos recoge el cuerpo mutilado de Pascasio hasta que muere.

Manuel Chiquito es la sombra gris del penal, el puedelotodo. Su poder proviene del dinero que recibe de afuera con el que tiene sobornado a las autoridades de la institución. El papel que desempeña en la obra ayuda a aclararlo las comprobaciones realizadas por David Ward y Gene Kassebaum en un artículo: «Sexual Tensions in a Woman's Prison»:

> However, it is the clear duty of prison officials to keep at a minimun the economic power that any inmate might exercise over another. Regrettably, investigators discovered one area where through either gross neglect or indifference, the prison officials completely disregarded this duty. As a result, at least one inmate became so economically powerful that he was able to choose as cellmates a series of young men attractive to him, and sexually subvert each one by brivery.[28]

Manuel Chiquito acostumbrado a obtener cuanto quería dentro de los confines del penal, no escatima esfuerzos en tratar de seducir primero, y doblegar por la fuerza después, a Andrés Pinel. Para ello pone en juego todos sus recursos. Está totalmente obsesionado con el muchacho, al extremo de jugarse la vida al final de la novela con tal de tener relaciones corporales con él.

Que las intenciones de Manuel Chiquito desde el principio eran bien claras se puede apreciar en el consejo que un preso da a Andrés Pinel al entrar en la cárcel y en el que le advierte de las intenciones de Manuel Chiquito, y lo exhorta a que lo explote evitando que lo lleve al «hoyo», sitio en el que se refugiaban los prisioneros para prácticas homosexuales:

—¿Andrés qué te llamas tú?
—Andrés Pinel.

—¿Y piensas que es verdad que Manuel Chiquito es amigo tuyo?
—Él dice que me conoce y me va a ayudar.
—No seas bobo, lo que sucede es que tú le gustas.
—¿Cómo?
—Pero no seas bobo, aprovéchalo. Él tiene dinero; la cuestión es hacérselo pasmar sin dejar que te lleve al hoyo, dándole de vez en cuando su agüita... (p. 55)

Carlos Montenegro insiste en su novela que también participa de lo psicológico y sociológico, en descubrir todas las desviaciones sexuales que ocurren en los confines de una prisión. Un preso, Catuca, es el encargado en la narración, de revelar otro tipo de relaciones sexuales de los prisioneros; esta vez con animales:

—¿Catuca? Era también un «guajiro sano», como tú dices. Estaba en la cuadra cuidando los caballos del jefe, y no se le supo nunca nada. Es más, desde que él fue para la cuadra ya se acabó ésta para el *negocio*... al que le ofrecía algo para que le dejase meter en ella al muchacho, lo delataba en el Orden Interior... ¡Y si lo acusaba Catuca, lo decía el evangelio!... Nadie te quitaba treinta días de celda o de Incorregibles... No quería a nadie en la cuadra: ni tenía amigos ni parecía quererlos tener. Más guataca que un perro sato, un día le regaló al hijo del jefe una yegüita que nació en la finca que tenía por allá donde el diablo se tiempla a él mismo... Y Catuca, figúrate, cada día más renuente a las amistades... Hasta que una mañana tempranito...
—¡Ja, ja, ja!
—¿De qué te ríes?
—Ya me supongo lo que me vas a decir.
—Eso mismo: la misma puñetera yegua lo entregó. Estaban el jefe, el hijo del jefe, y hasta la hija, que casi nunca la dejaban entrar, y la yegua, en cuanto vio a Catuca, empezó a recular peyéndose y relinchando, como si lo tomase por un potro. (pp. 82-83)

Reafirmado el caso anteriormente expuesto, el folleto *Homosexuality in Prisons* expresa:

...With the exception of the small number of prisons that allow conjugal visits, there are only three forms of sexual behavior that are generally available to a prison population (except for animal contact for those males on prisons farms). These are nocturnal sex dreams, self-masturbation, and sexual contact with other inmates of the same sex...[29]

El universo físico de la novela es la prisión, las acciones ocurren dentro de ella, pero Montenegro por la técnica del *flash back,* o de recuerdos, o de sueños, posibilita una acción interior que sitúa a los personajes y ambientes fuera de los muros de la cárcel; así Chichiriche, un personaje secundario, a través del subconsciente retoma el tiempo de cuando era vendedor de periódicos en las calles de La Habana; de la misma manera Candela rememora su oficio de guardia rural. Carlos Montenegro no pierde tampoco la oportunidad de criticar lo que él considera injusto o cuadre bien a su militancia en el Partido Comunista, por ello critica a los norteamericanos por su imperialismo económico en Cuba: «...Estos americanos son de su madre pa arriba... ¡No hacen nada de gratis!...»[30]; ataca el sistema judicial poniendo al descubierto la trapisondería que muchas veces rodea la administración de justicia y de la que él se cree víctima; condena la discriminación racial del negro: «...¿Perro?... ¡Peor que perro! ¡Negro y presidiario! ...¡Está completo! ¡Preso dos veces, por lo que hizo y por el color del pellejo!» (p. 33).

Critica a la clase médica y los servicios hospitalarios. Dice que en la enfermería cuando uno entra en ella sano o enfermo es muy difícil salir con salud. Preconiza que vendrá un día en que la revolución (marxista) triunfará y se acabarán maltratos y calamidades como las que sufrió Chichiriche cuando moría. Sus anatemas no se detienen ante la religión: «...sabía también que en el presidio nada se mueve sin dinero, ni aún la voluntad de Dios...»[31] A los ministros de la iglesia los ridiculiza en el Capítulo: «La misa», y cuando achaca la paternidad de un preso a un cura y un homicidio a otro.

Como vemos Carlos Montenegro va entretejiendo a la trama juicios propios y viñetas costumbristas que sin distraer la atención del lector coadyuvan a darle más veracidad a los hechos que se narran en la novela.

La lucha campo-ciudad, o particularizando más; la lucha entre provincias, heredada de los regionalismos españoles, también sale a relucir en su obra:

—...¿Tú no eres pinareño?
—Y ¿qué?

—Que cuando Maceo hizo la invasión les dejó un machete a cada uno de ustedes, y como no sabían usarlo, por falta de corazón, siempre lo tenían envainado en el trasero.
—¿De seguro que tú eres de Oriente?

Dentro de un estilo sencillo Montenegro va recreando, como quien no prestara mucha atención, una serie de males que padecía la sociedad cubana por la década de los treinta. Estas adiciones teoréticas se insertan con diálogos y descripciones breves pero intencionales, sirviéndole para una denuncia total.

En síntesis: utiliza el microcosmo de una prisión para presentar un macrocosmo de la realidad cubana. La corrupción humana de degradación social vivida en una cárcel es la síntesis de una conducta mucho más general. De allí que *Hombres sin mujer* es una novela ética. Pero la ética de Montenegro no es el producto de una teorización sobre la conducta. Todo lo contrario, nace de una experiencia, de un padecimiento personal. Si cae en el ejemplo, en la denuncia, es por haberla comprobado en propia carne.

Otro de los valores indiscutibles que tiene la novela *Hombres sin mujer* es la socio-lingüística que se aprecia en diálogos y en descripciones: dichos, modismos, expresiones callejeras, se ven transportadas por el autor a los personajes de su novela. El lenguaje popular de ellos se enriquece con expresiones típicas de seres encarcelados. Montenegro es único en esto, en aportar todo un sistema lingüístico desconocido por la literatura hispanoamericana y hasta cubana.

Sonia Lamas en un artículo hablando sobre este tópico y refiriéndose a otro escritor cubano, Eladio Secades, dice que autores como éstos han ayudado a salvar del olvido el lenguaje folklórico.[32]

Una lista resumida basta para apreciar lo dicho y comprobar hasta qué punto *Hombres sin mujer* aporta y fija eso que Sonia Lamas llama «diccionario de la calle»:

> Estimo importante mencionar que el lenguaje coloquial ha sido continuamente aceptado por grandes núcleos de la población cubana de todos los niveles socioeconómicos y culturales. Este uso tan generalizado de modismos y dichos de origen callejero quizás se deba al entusiasmo y la admiración que siempre ha mos-

trado el cubano hacia lo popular, como uno de los rasgos característicos de su idiosincrasia.[33]

agüequen: (p. 12), desalojen, váyanse.
andoba: (p. 113), persona.
bueno barín: (p. 21), bueno mi hermano, mi amigo. *Barín* también quiere decir bueno.
bugarrón: (p. 13), el que hace papel de «macho» en contactos homosexuales.
cabeza no puede pasar oreja: (p. 113), tomado del lenguaje ñáñigo, quiere decir: un imposible.
cobrarme el barato: (p. 65), chantajearme.
coger la polvorosa: (p. 82), irse rápidamente, corriendo.
comecatibía: (p. 91), tonto.
con butín coba hasta los narras pasman: (p. 40), con suavidad y dulzura se pueden conseguir cosas.
cogida la baja: (p. 77), conoce el lado débil del individuo y se aprovecha de ello para obtener cosas de él.
cerrado a la banda: (p. 140) que no acepta cambio o modificación a su actitud o criterio.
comer carne de puerco: (p. 41), tener relaciones sexuales dos del mismo sexo.
compay: (p. 12), —también *compa*— compañero, amigo.
con la boca llena de hormigas: (p. 109), muerto.
chaucha: (p. 214), comida.
chivatee y coja monte: (p. 55), disgustarse.
chivatones: (p. 17), delatores.
dale su agüita: (p. 55), dale algo.
dobla el lomo: (p. 94), trabaja.
dándole bilongo: (p. 228) echándole brujería.
dar coba: (p. 17), elogiar a una persona para hacérsele agradable.
ecobio: (p. 113), del ñáñigo quiere decir amigo, consorte.
echarle los caballos: (p. 146), amonestar a alguien, bravuconear.
el componte: (p. 175), el látigo o fusta del mayoral o de las autoridades.
está bien mi tierra: (p. 11), está bien mi amigo o hermano.

el mundo colorado: (p. 14), una cosa muy grande o problema serio.
echar a moler el ingenio: (p. 80), explotar algo productivo.
guasabeo: (p. 130), estar en un rejuego.
guámpara. (p. 153), látigo, fusta, algunas veces también un machete.
jujuyo: (p. 206), arisco.
levantador: (p. 12), un don Juan.
leas: (p. 13), mujeres.
los toros que más meaban: (p. 109), los hombres más valientes.
lo pasaron por la piedra: (p. 144), lo mataron; lo maltrataron; lo obligaron a hacer algo contra su voluntad; lo doblegaron.
manichea: (p. 106), el que maneja o controla.
majaseo: (p. 161), haraganería.
meterse conmigo: (p. 59), enamorarse de mí.
morder el cordabán: (p 82), doblegarse.
mocha: (p. 18), machete que se utiliza para cortar caña y que no tiene punta.
ñañigo: (p. 108), perteneciente a una de las religiones africanas.
guapo: (p. 178), los cubanos lo usan como sinónimo de disgustado además del significado que tiene la palabra originalmente.
ocambos: (p. 14), viejos.
para limpiarme: (p. 108), para exorcisarme.
pues entonces mis verocos son claveles: (p. 20), un imposible. *Verocos* quiere decir testículos.
pasmador: (p. 12), el que interrumpe o hace trabajoso un coloquio amoroso o de otra naturaleza. También *pasmar* quiere decir hacer desaparecer (p. 55).
rascándose la siguaraya: (p. 94), que se rasca la barriga, que no hace nada.
se va a guillar: (p. 17), se va a volver loco.
se la cojen con papel de china: (p. 21), que son muy suceptibles, muy escrupulosos, muy protocolares.
se da demasiado lija: (p. 21), se da mucha importancia.
se tienen jiña: (p. 56), se tienen odio, son enemigos.

¡*Sola vayas*!: (p. 58), forma de xorcismo; ¡Por nada del mundo!
seguro que no, se hincha: (p. 73), una cosa que traerá consecuencias. Irónicamente usado es lo opuesto.
subuso: (p. 88), callado, en silencio.
sanseacabó: (p. 99), se terminó, concluyó.
si no hay pan se come casabe: (p. 137), cuando no hay una cosa se sustituye por otra. Casabe: pan de yuca de los indios en Cuba.
templar: (p. 30), tener relaciones sexuales. También: ¡Tiemplen de aquí! es igual a: ¡Váyanse de aquí!
trabucarme: (p. 56), equivocarme.
tienes la peste a bacalao en el hocico: (p. 82), tiene el instinto sexual a flor de labios; acabar de tener relaciones sexuales.
te lleva en la golilla: (p. 97), porque es más fuerte, inteligente o listo, te va a dar la mala.
verras: (p. 13), estúpido.
tiene guararey: (p. 23), está disgustado, ofendido.
yo no tumbo caña: (p. 152), yo no hago esa labor. De la canción popular: «Yo no tumbo caña / que la tumbe el viento / que la tumbe Lola / con su movimiento.»

Como se observa el único aporte novelístico de Carlos Montenegro es determinante para las letras cubanas e hispanoamericanas. Ya Ricardo Latcham ha insistido:

> Montenegro es un narrador espontáneo, de gran concisión y poder expresivo. Sabe construir e interesar con breves elementos, pero asegurando con firmeza los hilos de sus relatos... Hoy día Montenegro, sin disputa, es el primer cuentista cubano y uno de los dos o tres más grandes de Hispanoamérica. Ha sido traducido al inglés y al francés por intermedio de Langston Hughes y Pillement.[34]

No cabe duda de que *Hombres sin mujer*, dentro de una estructura clásica tradicional afirmada más en un juego de estampas que en un ritmo orgánico, sobresale por una denuncia social de un sistema infrahumano que se condensa a un aporte lingüístico poderoso. Un lenguaje escalofriante, a veces soez pero íntimamente armónico a un mundo brutal y degradado.

NOTAS

1. Carlos Montenegro, *Hombres sin mujer* (México: Editorial Masas, 1938).
2. Véase notas al Capítulo II, cita No. 2 (pág. 52).
3. Carlos Montenegro, *Hombres sin mujer*, 2da. ed. (México: Ediciones Nuevo Mundo, 1959).
   Nota: todas las citas calzadas con número de páginas en este capítulo se refieren a esta Segunda Edición de *Hombres sin mujer*.
4. José María Arguedas, *El Sexto* (Lima: Mejía Baca, 1961).
   Ibid., 2da. ed. (Lima: Horizonte, 1969).
   Ibid., 3ra. ed. (Lima: Librería-Editorial Juan Mejía Baca, 1966).
5. Manuel Puig, *El beso de la mujer araña* (Barcelona: Seix Barral, 1976).
6. José Donoso, *El lugar sin límites*, 2da. ed. (México: Editorial Joaquín Mortiz, 1977).
7. El tema de la homosexualidad que se desarrolla en este libro difiere de los otros mencionados principalmente en el espacio físico donde ocurren los hechos. En *El lugar sin límites*, el protagonista: "La Manuela" se desenvuelve en un espacio abierto y no en una cárcel como ocurre a los protagonistas de: *El beso de la mujer araña, El Sexto* y *Hombres sin mujer*.
8. "...it is not until 1937 that the term «homosexuality» first appears in the Index of the Proceedings of the American Prison Association, now the American Correctional Association. This lack of interest may be attributed, in part, to the strong societal taboo against the study of sexuality which has characterized our society since its founding..."
   Peter C. Buffum, *Homosexuality in Prisons* (Washington, D C.: U. S. Government Printing Office, February 1972), PR 72-3, p. 1.
9. Carlos Montenegro, *La Prison, roman cubain*, traduit et presenté par Georges Pillement (Paris: P. Seghers, 1946).
10. Véase nota número 2.
11. Carlos Montenegro, *Hombres sin mujer*, Prólogo, p. 7.
12. José Ortega y Gasset, *Obras Completas*, 7ma. ed. (Madrid: Talleres Gráficos de Ediciones Castilla, S. A., 1964), "Baroja tropieza en Coria con la gramática", Vol. 2, p. 78.
13. Montenegro, *Hombres sin mujer*, p. 11.
14. Montenegro, *Hombres sin mujer*, pp. 11 y 236.
15. Véase nota número 2.
16. "La Morita" se asemeja mucho a "La Rosita" que aparece en el libro *El Sexto* de José M. Arguedas.
17. Montenegro, *Hombres sin mujer*, p. 16.
18. Tanto en *Hombres sin mujer* como en *El Sexto*, de J. M. Arguedas (véase p. 21) se hacen repetidas alusiones a la tuberculosis que agotaba a las instituciones penales. Los presos adquirían la enfermedad principalmente por la falta de alimentación adecuada, castigos inhumanos y contagio de los ya enfermos.
19. Montenegro, *Hombres sin mujer*, p. 8.
20. Leon Radzinowickz & Marvin E. Wolfgang, *Crime and Justice*, 3 vols. (New York: Basic Books, Inc., 1971), Vol. 3, p. 145.
21. Montenegro, *Hombres sin mujer*, p. 60.
22. Radzinowickz & Wolfgang, *Crime and Justice*, "The Process of Prisonnization" by Donald Clemmer, p. 95.
23. Ibid., "12: The Pains of Imprisonment" by Greshham M. Sykes, p. 135.
24. Buffum, *Homosexuality in Prisons*, p. 16.
25. Radzinowickz & Wolfgang, *Crime and Justive*, Vol. 3, p. 145.
26. Ibid., p. 144.
27. Ibid., p. 88.
28. Ibid., p. 146.

29. Buffum, *Homosexuality in Prisons*, pp. 8-9.
30. Montenegro, *Hombres sin mujer*, p. 139.
31. Ibid., p. 199.
32. Sonia Lamas, "El habla cubana en las estampas de Eladio Secades", *Hispania*, Vol. 60, No. 3 (September, 1977), p. 519.
33. Ibid., p. 519.
34. Ricardo Latcham, *Antología del cuento hispanoamericano contemporáneo (1910-1956)* (Santiago de Chile: Empresa Editora Zig-Zag, S. A., 1958), p. 26.

CONCLUSION

La obra narrativa editada de Carlos Montenegro se realizó en un lapso de doce años que va desde 1929 a 1941. Posteriormente a esta fecha la producción de Montenegro es casi nula, y se reduce a artículos de periódicos y algunos cuentos, y al parecer a una novela todavía en proceso.

Se ha podido localizar algunas de estas narraciones dispersas. Por lo menos tres de ellas: «Doce corrales»[1] «El regreso»[2] y «La revancha».[3] El primero se inscribe dentro de los cuentos campesinos y de «la manigua». Desarrolla el tema de un guajiro que llevaba sal a los insurrectos cuando es sorprendido por las autoridades. Su ingenio lo salva de tal situación al convencer al oficial de turno que la sal que cargaba consigo la destinaba a las peleas de gallo.

El segundo cuento escrito en 1953 a raíz del regreso de Montenegro a su lugar natal, retoma el tema de la niñez y del ambiente que lo vio nacer. «El regreso» trata el tema temporal desde dos ángulos distintos: uno el regreso físico donde el narrador da cuenta del estado de la aldea en donde nació; y el otro el regreso al pasado del presente narrativo que retrotrae la acción a la niñez del protagonista, y recreando sus narraciones de otros cuentos recuerda a su madre dulce y triste que vivía en una tierra extraña y a su padre severo y enérgico siempre tratando de darle fortaleza para la vida. Usa el mar como símbolo. El tiempo se vuelve inexistente al concluir el relato cuando dice que el protagonista marchaba con el loco del pueblo y expresa: «...me volví a mirar hacia atrás. Ninguna huella dejo en la arena que piso. Arriba flotando, me sigue una sola sombra..., Anfitriti.»[4] Esta fantasía lo acerca a «El hijo del mar», de *El renuevo y otros cuentos*.

El tercero «La revancha», de tema marinero, trae la particularidad de una estructura absolutamente de monólogo y donde el narrador y el autor, la vida del escritor, se inter-relaciona y da como resultado un cuento mítico-legendario, cargado de simbolismos en donde descuella el mar principalmente como madre y madre como mar. Esta última narración publicada de Montenegro presenta un mundo que tiene que ver más con cierto panteísmo que con aquel comunismo militante que le dictó la obra coleccionada.

Cuatro direcciones bien nítidas se observan en la obra narrativa de Carlos Montenegro y todas como espejo de su propia vida. Primero la niñez: el ambiente familiar del niño y el paisaje de Puebla de Caramiñal y ciertos lugares de La Habana, inclusive la aventura paternal de un viaje al cono de América del Sur. Ejemplos son los cuentos: «La escopeta», «El cordero», «El hijo del mar» y «El pomo de caramelos» que aparecen en *El renuevo y otros cuentos*. «La huella del cacique» publicado en *Dos barcos*. Y «La mar es así» de la compilación de relatos *Los héroes*.

Segundo: el marinero navegando por las costas del Caribe, en el Golfo de México, y del Atlántico norteamericano. Incluye sus experiencias en tierra, pero ellas son resultado de una experiencia marítima. Los cuentos lo confirman definitivamente: «El discípulo», «El chino», «Las tres concesiones», «El porteño» y «Pavor», del libro *El renuevo y otros cuentos*. «Dos barcos», «Cargadores de bananas», «El caso de William Smith» y «Anazabel», publicados en la colección *Dos barcos*. «Dos viejos amigos» y «Dos hombres sin historia», aparecidos en su último libro *Los héroes*.

Tres: el prisionero, marcado también por dos experiencias vitales: por una breve detención en la cárcel del puerto de Tampico, México; y otra que duró doce años en El Castillo del Príncipe, La Habana, Cuba. Los cuentos relacionados con este período son: «El mudo», «El timbalero», «El beso», «La sortija», «El rayo de sol» y la trilogía: «I. La Cárcel, II. La causa y III. La fuga» insertados en *El renuevo y otros cuentos*. «El nuestro», «El libro», «Macatay», «La cartera», «La herencia y la tetralogía: «I. El domado, II. El iluso, III. El incorregible y IV. El superviviente» que aparecen en su segundo libro *Dos barcos*. Y la novela *Hombres sin mujer*.

Cuatro: relatos de temas principales patrióticos. Incluiría los asuntos que tienen que ver directamente con el pasado histórico nacional: «El negro Torcuato» y «Un insurrecto» publicados en *Dos barcos* y luego repetidos en el siguiente libro. «Los héroes», «El agachao» y «Los impoderables de Pedro Barba» de su colección *Los héroes*.

A estos cuatro temas principales se podría agregar un quinto: el del militante político, resultado de su simpatía y posteriormente de su afiliación al Partido Comunista cubano; y sus cuentos de denuncia o protesta social que toman como escenario la campiña cubana. El primer tema se encuentra disperso en los cuentos de las cuatro categorías que hemos mencionado primeramente, pero donde más resaltan es en la tetralogía carcelaria de *Dos barcos*. El segundo tema, la protesta social, aunque también diseminado, sobresale en: «El renuevo» —*El Renuevo y otros cuentos*—; y «Hay que matarlo» y «La ráfaga» —*Los héroes*—.

En forma general Montenegro estructura sus narraciones dentro de criterios tradicionales. Rara vez rompe con la cronología lineal narrativa. Utiliza como sistema la separación radical entre la descripción y la acción. La presentación de personajes se hace dando el retrato físico y moral del individuo. Además la introducción de los diálogos lo realiza bajo la técnica del didactismo.

En cuanto al narrador no existe independencia del autor. Aquel omnisciente no es nada más que el espejo que retrata la vida de Carlos Montenegro.

Que la narrativa de este escritor condensa también elementos folkloristas, costumbres, es evidente: primero retratos y costumbres y seres de su niñez y adolescencia; segundo: sus experiencias de joven marinero; tercero: el ambiente carcelario; y cuarto: los relatos patrióticos. Toda ella requiere un lenguaje especial, lenguaje que es reflejo psicoanalista del personaje; Montenegro estampa este idioma, lo fija como raíz de su narrativa. Quizás aquí radique uno de los aportes sobresalientes del escritor cubano. El retrato folklórico se obtiene por un lenguaje coloquial, muchas de las veces de escritura fonética que colabora a la ambientación y a otros significados ulteriores: el humanismo, el erotismo y la sensualidad, así como la terminología de *ghettos*.

Ya en el resumen de importancias la narrativa de Carlos Montenegro inicia, como se dijo, el tema carcelario. Esto hay que entender que no se trata ya de situaciones, de hechos esporádicos de la prisión que se integraban con anterioridad en la ficción latinoamericana. En Montenegro se trata de un tema como absoluto, de una literatura unitaria del ambiente carcelario.

Realmente la narrativa de Montenegro tiene que ver con la literatura pero al mismo tiempo no tiene que ver con ésta. Explico la paradoja: lo literario aparece por una necesidad vital y es resultado de experiencias personales. Tanto que sin pecar de exagerado se puede afirmar que toda la obra de Carlos Montenegro es una gran autobiografía. Utiliza la literatura como un medio —diría casi fisiológico— para retratarse él mismo y recuperar vivencias y episodios padecidos.

Una literatura realizada bajo este índice personal, y en el caso especial de Carlos Montenegro, por las razones de experiencias más trágicas que felices, tiene que dar por resultado la representación de un mundo aciago y cruel. Los cuentos y la novela de Montenegro se inscriben dentro de relaciones humanas violentas y dramáticas, y a la vez de soledades, en contrapunto con una gran ansia de libertad. Si a todo ello se agrega la idea de Carlos Montenegro sobre la vida predeterminista, los valores se hacen mas catastróficos. En definitiva, en la narrativa de este escritor, el hombre no vive su vida sino vive el azar y nada puede hacer para romper esa supraestructura que lo gobierna todo.

NOTAS

1. Carlos Montenegro, "Doce corrales", reproducido en el periódico *Libertad* (Miami, Florida, 5 de septiembre de 1975), p. 14.
2. Carlos Montenegro, "El regreso", manuscrito del autor. Sin fecha.
3. Carlos Montenegro, "La revancha", *Libertad* (Miami, Florida, 28 de mayo de 1976), p. 15).
4. Montenegro, "El regreso", manuscrito del autor, sin fecha.

BIBLIOGRAFÍA

BIBLIOGRAFÍA DIRECTA

I. OBRAS DE CARLOS MONTENEGRO.

El renuevo y otros cuentos, 2da. ed. La Habana: Ediciones 1929, *Revista de Avance*.
Dos barcos, La Habana: Ediciones Sábado, Arellano y Compañía, 1934.
Aviones sobre el pueblo, reportaje-relato, La Habana: Ucar García, 1937.
Hombres sin mujer, México: Editorial Masas, 1938.
Los perros de la Radziwill, La Habana: La Verónica: Impresor Altolaguirre, 1939.
Tururi ñañan, fragmentos suministrados por el escritor. Sin fecha.
Tres meses con las fuerzas de choque (*División Campesino*), La Habana: Editorial Alfa, 1938.
Los héroes, La Habana: Ediciones Caribe, Talleres Flecha, 1941.

II. CUENTOS NO COLECCIONADOS.

«El regreso», La Habana, 1953. Manuscrito del autor. Sin fecha de publicación.
«Doce corrales», *Gaceta del Caribe*, La Habana, abril de 1944, Año I, no. 2., p. 13.

Reproducido en *Libertad,* Miami, Florida, 5 de septiembre de 1975, p. 14.

«La venganza», Libertad, Miami, Florida, 28 de mayo de 1976, p. 15.

«El sospechoso», cuento inédito. Premio HERNÁNDEZ CATÁ 1944.

III. OBRAS CITADAS Y DE CONSULTA.

AGUILAR, Luis E. Cuba 1933, *Prologue to Revolution, Ithaca*: Cornell University, 1972.

AMORÓS, Andrés. *Introducción a la novela hispanoamericana actual.* España: Ediciones Anaya, Gráficas Ortega, 1973.

ARGUEDAS, José María. *El Sexto.* Lima: Mejía Baca, 1961.

ARROM, José J. *Esquema Generacional de las letras hispanoamericanas.* Bogota: Instituto Caro Cuervo, 1963.

BAMFORD Parkes, Henry, *The American Experience.* New York: Random House, 1961.

BEACH, Stuart. *Short Story Techniques.* New York: Houghton Miffin Company, 1929.

BOSH, Juan. «Apuntes sobre el arte de escribir cuentos», *Cuentos escritos en el exilio,* 2da. ed. Santo Domingo: Julio D. Postigo e hijos, Impresores, 1968.

BUENO, Salvador. *Antología del cuento en Cuba.* La Habana: Ediciones Mirador, 1953.

——. *La letra como testigo.* Santa Clara, Cuba. Universidad Central de las Villas, 1957.

BRATOSEVICH, Nicolás A. S. *El estilo de Horacio Quiroga en sus cuentos.* Madrid: Editorial Gredos, 1973.

BUFFUM, Peter C. *Homosexuality in Prisons.* Washington D. C.: Government Printing Office, PR 72-3, 1972.

CAMUS, Albert. *The Stranger.* New York: Vintage Books, Random House, 1946. Trans. from the French by Stuart Gilbert.

CASTAGNINO, Raúl. «Algunas cuestiones de sociología literaria frente a la nueva novela hispanoamericana.» Nueva Narrativa Hispanoamericana.

CIRLOT, J. E. *A Dictionary of Symbols.* New York: Philosophical Library, 1962. Trans. from the Epanish *Diccionario de símbolos tradicionales*, by Routledge & Kegan Paul.

Donoso, José. *El lugar sin límites*, 2da. ed. México: Editorial Joaquín Mortiz, 1971.

———. *Enciclopedia de la Mitología*. Madrid: Afrodisio Aguado, S. A., 1967.

Fornet, Ambrosio. *Antología del cuento cubano contemporáneo*. México: Ediciones ERA, 1967.

Fuentes, Carlos. *La nueva novela hispanoamericana*. México: Joaquín Mortiz, 1972.

García Montes, Jorge y Alonso Ávila, Antonio. *Historia del Partido Comunista en Cuba*. Miami, Florida «Rema Press», 1970.

Geoffroy Rivas, Pedro. «*Hombres sin mujer* de Carlos Montenegro». *Ruta*, México, no. 2, julio de 1938.

Girodamo, Jaime. «Hacia una definición del realismo en la novela hispanoamericana contemporánea.» *Nueva Narrativa Hispanoamericana*.

Goic, Cedomil. *Historia de la novela hispanoamericana*. Santiago de Chile: Editorial Universitaria, 1972.

Goldenson, Robert M. *The Encyclopedia of Human Behavior*. New York: Dell Publishing Co., Inc., 2nd. ed., 1975.

Harris, Foster. *The Basic Formulas of Fiction*. Oklahoma: University of Oklahoma Press, 1945.

Henríquez Ureña, Max. *Panorama histórico de la literatura cubana*. México: Ediciones Mirador, 1963.

Henríquez Ureña, Pedro. *Obra crítica*. México: Fondo de Cultura Económica, 1960.

———. *Las corrientes literarias en hispanoamérica*. México: Fondo de Cultura Económica, 1949.

———. *Hispania*. Maryland: vol. 60, no. 3.

Ichaso, Francisco. «Ideas y aspiraciones de la primera generación republicana.» *Historia de la Nación Cubana*. La Habana: Editorial Historia de la Nación Cubana, 1952.

Lactham, Ricardo. *Antología del cuento hispanoamericano contemporáneo*. Santiago de Chile: Empresa Zig-Zag, 1958.

Lazo, Raimundo. La literatura cubana. México: Universidad Nacional de México, 1965.

León, Rubén de. *El origen del mal.* Miami, Florida: Service Offset Printers, Inc., 1964.

———. *Libertad,* periódico semanal, Miami, Florida, 1975-1976.

Mañach, Jorge. *Indagación del choteo.* Primera publicación: *Revista de Avance,* 15 de octubre de 1928, vol. 3, no. 27. Reprinted by Mnemosyne Publishing Inc., 2nd. ed. Miami, Florida, 1969.

———. «Manual del perfecto cuentista». Horacio Quiroga, *Cuentos.* México: Editorial Porrúa, S. S., 1968.

Márquez Sterling, Carlos. *Historia de Cuba, desde Colón hasta Castro.* New York: Las Américas Publishing Co., 1963.

Omil, Alba y Pierola, Raúl. *El cuento y sus clases.* Buenos Aires: Editorial Nova, sin fecha (n. d.)

Ortega y Gasset, José. *Obras Completas,* 2 vls. Madrid: Talleres Gráficos Ediciones Castilla, 7ma. ed., 1966.

Paz, Octavio. «La nueva novela social de José Revueltas.» Diss. University of Southern California, 1971.

Portuondo, José Antonio. *El contenido social de la literatura cubana.* México: *Jornada 21,* Fondo de Cultura Económica, Centro de Estudios Sociales, 1944.

———. *Cuentos cubanos contemporáneos*: México. Editorial Leyenda, S. A., 1946.

Puig, Manuel. *El beso de la mujer araña.* Barcelona: Seix Barral, 1976.

Quiroga, Horacio, *Cuentos,* (selección, estudio preliminar y notas críticas e informativas por Raimundo Lazo). México: Editorial Porrúa, 1976.

———. «El perro rabioso» publicado en *Caras* y *caretas* el 1ro. de octubre de 1910. Recogido en la Primera Edición de *Cuentos de amor, de locura y de muerte,* Argentina: 1917; suspendido desde la Tercera Edición, 1925.

Radzinowickz, Leon & Wolfgang, Marvin E., *Crime and Justice,* New York: Basic Books Inc., 1971.

Remos, Juan J. *Historia de la literatura cubana,* 3 vls. La Habana: Cárdenas y Compañía, 1945; reprinted by Mnemosyne Publishing Co., Inc., Miami, Florida, 1969.

———. *Proceso histórico de las letras cubanas.* Madrid: Guadarrama, S. L., 1958.

Riera Hernández, Mario. *Historial obrero cubano 1574-1965.* Miami, Florida: Rema Press, 1965.

Ripoll, Carlos. *La Generación del 23 en Cuba.* New York: Las Américas Publishing Co., 1968.

——. *Índice de la Revista de Avance.* New York: Las Américas Publishing Co., 1969.

Rodríguez. Hugo. *El arte de Juan Rulfo.* México: Instituto de Bellas Artes, Departamento de Literatura, 1965.

——. *Ruta,* revista mensual. La Habana, abril de 1944.

Schartz, Kessel. *A New History of Spanish American Fiction.* Coral Gable, Florida, University of Miami Press, 1971.

Suárez Rivas, Eduardo. *Los días iguales.* Miami, Florida: Graphic Production Co., 1974.

Valdespino, Andrés. *Jorge Mañach y su generación en las letras cubanas.* Salamanca, España: Ediciones Universal, Graficesa, 1971.

Este libro se acabó de imprimir
el 15 de septiembre de 1980, en el
complejo de Artes Gráficas MEDINA-
CELI, S. A., Pi i Margall, 53,
Barcelona-24 (España)